Wickie

und die starken Männer

NATURBASTELBUCH

Wickie
und die starken Männer

NATURBASTELBUCH

32 Projekte mit
Naturmaterialien
fürs ganze Jahr

EMF

EIN BUCH DER
EDITION MICHAEL FISCHER

JESSICA STUCKSTÄTTE

LOS GEHT'S

▼▼▼▼▼▼▼▼▼▼▼▼▼▼▼▼▼▼

Bist auch du ein unerschrockener Wikinger und hast keine Angst vor dem Schrecklichen Sven? Dann mach dich zusammen mit Wickie und seinen Freunden auf die Reise durch dieses bunte Abenteuer-Bastelbuch! Begib dich mit den Bewohnern von Flake und ihrem Schiff auf die sieben Weltmeere. Ylva, Urobe und das gesamte Dorf Flake freuen sich, dir zu zeigen, wie sie aus Naturmaterialien wie Ästen, Steinen und Blättern tolle Dinge basteln!

Suche dir dein erstes Projekt aus und dann heißt es ab mit dir in den Wald, an den Fluß oder auf die Wiese – du brauchst Bastelmaterial!

Wickie und die starken Männer wünschen dir ganz viel Spaß bei all den bunten Bastelabenteuern.

INHALT

AUF HOHER SEE

ANGEL

Das Dorf Flake liegt direkt am Meer. So können die Männer sofort in See stechen, wenn sie abenteuerlustig sind. Außerdem kann man dort wunderbar Fische fangen. Mit dieser Bastelanleitung kannst du deine eigene Angel bauen. Hoffentlich hast du mehr Glück beim Angeln als Halvar!

DAS BRAUCHST DU

stabiler, gerade Stock, etwa 1 m lang

Schnur, etwa 1,5 m lang   Schere   Eichel

feiner Draht   etwas Brot

1. Wickle die Schnur ein paarmal um den Stock und knote sie fest. Am besten machst du gleich mehrere Knoten.

2. Wickle nun die Schnur etwa 80 Zentimeter ab und knote nach etwa 60 Zentimetern die Eichel an. Sie wird später als Schwimmkörper dienen, und du kannst besser sehen, ob schon ein Fisch angebissen hat.

3. Wenn die Eichel bombenfest angeknotet ist, machst du an das Ende der Schnur eine kleine Schlaufe.

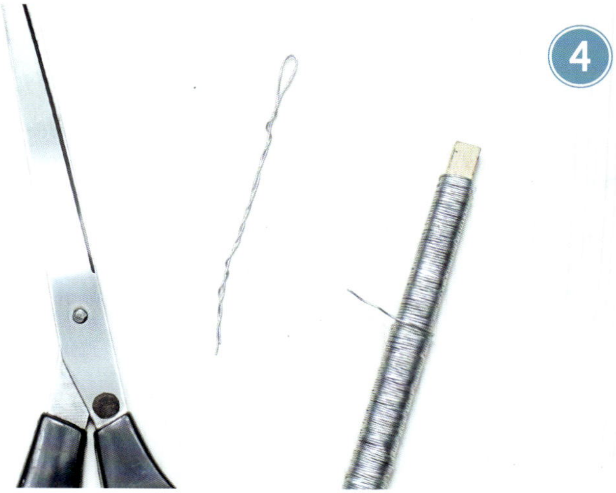

4. Jetzt schneidest du vorsichtig 20 Zentimeter Draht zurecht. Biege den Draht in der Mitte und zwirble ihn zu einem doppelt so dicken Draht.

5. Biege den dicken Draht jetzt in der Mitte um die Schlaufe und forme ihn zu einem Angelhaken.

6. Gehe zum nächsten See oder Teich, befestige ein Stück Brot am Haken und dann ab damit ins Wasser. Jetzt ist nur noch ein wenig Geduld gefragt, bis der erste Fisch anbeißt. Petri heil!

KESCHER

Wenn bei deiner Angel nach langer Zeit immer noch nichts angebissen hat, ist es an der Zeit, zu anderen Maßnahmen zu greifen. Mit diesem Kescher geht dir garantiert ein Fisch ins Netz. Er eignet sich aber auch gut zum Muscheln- und Steinesammeln. Genial, nicht?

DAS BRAUCHST DU

langer Stock, etwa 1 m lang

dünner Weidenast, etwa 1 m lang   Schere

Kartoffelnetz   feiner Draht   dicke Wolle

Stopfnadel

1. Suche dir einen schönen langen Stock im Wald und befreie ihn von allen Blättern und den kleinen Seitenzweigen. Mit dem dünnen Weidenast machst du dasselbe.

2. Schneide mit der Schere vorsichtig das Netz so auf, dass du eine möglichst große Fläche erhältst. Dies funktioniert am besten, wenn du es direkt unterhalb des Knotens aufschneidest.

3. Nun wird es ein wenig kompliziert. Vielleicht fragst du deine Eltern, ob sie dir dabei helfen. Denn jetzt muss der dünne Weidenast so durch das Netz gefädelt werden, dass keine offene Stelle entsteht. Führe ihn dazu durch jede zweite Masche.

4. Wenn das Netz komplett aufgesteckt ist, biegt sich der Ast ganz automatisch zu einem Kreis. Binde ihn in dieser Position mit Draht fest aneinander. Das Ende des Weidenzweigs sollte den Ast mit etwa drei Zentimetern Überstand kreuzen.

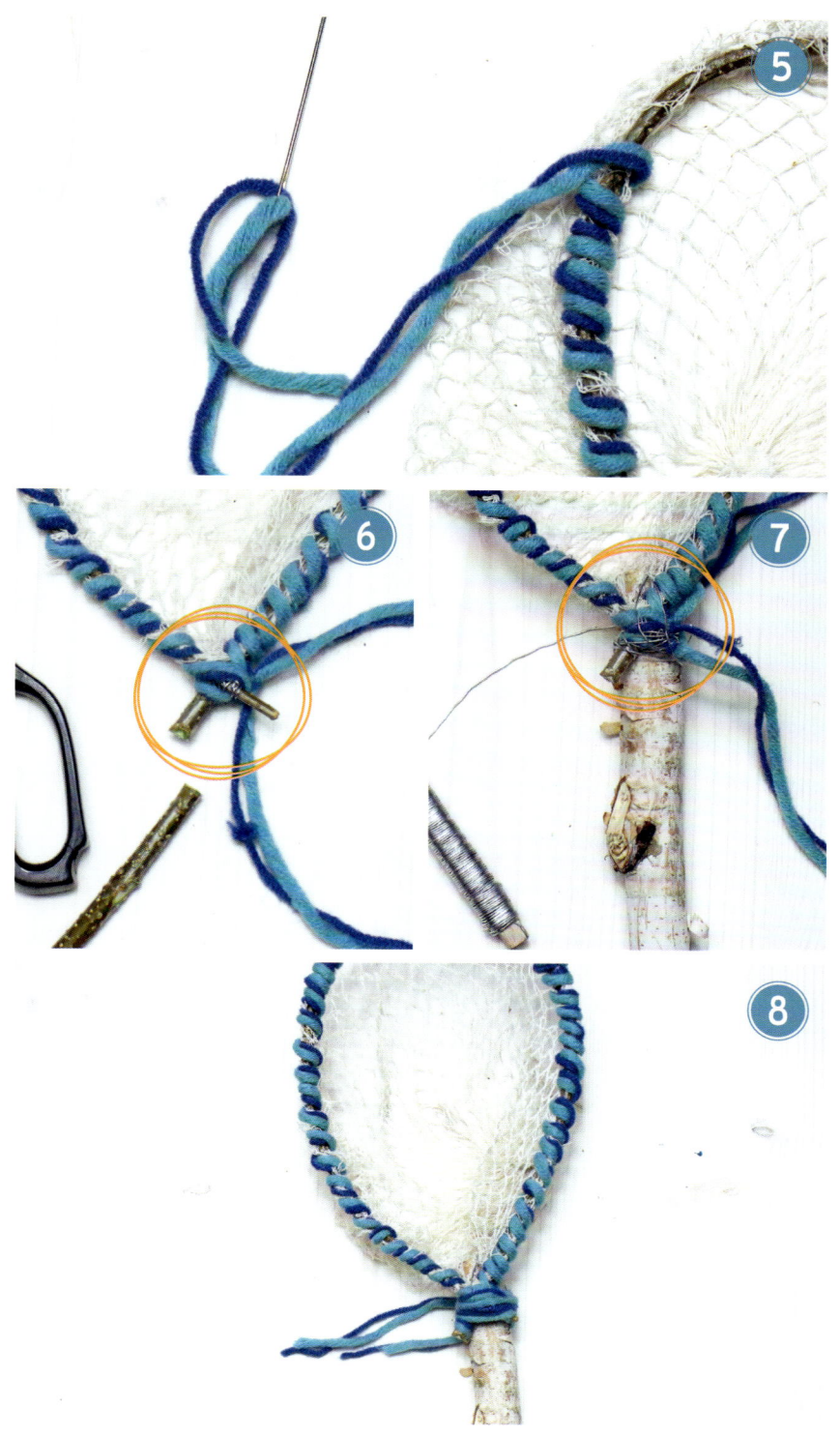

5. Damit dein Kescher richtig schick aussieht, fädelst du dicke Wolle durch eine Nadel. Wenn du magst, kannst du, wie auf dem Foto zu sehen, auch zwei Wollfarben miteinander kombinieren. Knote nun das eine Ende der Wolle am Ast fest und nähe das Netz noch einmal rundherum an. Den überstehenden Wollfaden lässt du einfach hängen.

6. Jetzt brauchst du Wikinger-Kräfte! Schneide den langen Weidenast ab, sodass am Ende des runden Keschers nur noch ein kleines Kreuz bleibt. Am besten lässt du dir dabei von einem Erwachsenen helfen, damit du dich nicht verletzt.

7. Dieses Kreuz befestigst du mit Draht an dem langen Stock. Umwickle es ganz fest, damit dir kein großer Fisch den Kescher zerreißt.

8. Lege den überstehenden Wollfaden über den Draht und knote ihn auf der Rückseite fest. Fertig!

FLOSS

Mit diesem Floß kannst du die sieben Weltmeere unsicher machen oder auch einfach in einem kleinen Bach bei dir in der Nähe auf Entdeckungstour gehen. Halvar und seine starken Männer lieben Abenteuer, besonders solche auf hoher See. Schiff ahoi!

DAS BRAUCHST DU

10 fingerdicke, gleich lange Stöcke   Schnur

Schere   großes Blatt für das Segel

kurzer dünner Stock

1. Los geht´s mit den 10 dicken Stöcken, die du im Park oder im Wald gefunden hast. Wichtig ist, dass die Stöcke relativ gerade sind, andernfalls entsteht nachher ein zu großer Zwischenraum. Solltest du keine 10 einzelnen Stöcke finden, dann halte Ausschau nach 2 oder 3 langen Ästen und säge sie auf dieselbe Länge zu. Lass dir dabei von deinen Eltern helfen!

2. Binde die Schnur am äußeren Ende eines Stocks fest. Dieser ist dein Querstock.

3. Als Nächstes wickelst du einen Stock nach dem anderen diagonal auf den Querstock fest (3a + b). Sobald 8 Stöcke festgewickelt sind, geht es denselben Weg wieder zurück. Achte darauf, dass die Schnur immer über Kreuz verläuft (3c). Wenn der Querstock nun bombenfest mit den Längsstöcken verbunden ist, musst du die Schnur am Ende gut verknoten und abschneiden.

20

4. Das Gleiche machst du auch mit dem zweiten Querstock auf der gegenüberliegenden Seite.

5. Für eine richtige Seefahrt braucht dein Floß nun noch ein Segel. Nimm dir das große Blatt und piekse es an der Unterseite, wie auf dem Foto zu sehen, auf den dünnen Stock. Oben am Blatt piekst du den Stock noch einmal durch, sodass das Blatt senkrecht auf dem Floß steht.

6. Stecke das Segel zwischen die Stöcke. Jetzt heißt es Leinen los. Oder besser gesagt: Leinen ran. Denn wenn du nicht möchtest, dass dein Wikinger-Floß die Weltmeere ohne dich erkundet, solltest du zum Schluss noch eine Schnur daran befestigen, die du in der Hand hältst, wenn du es auf große Fahrt schickst.

Hinweis

Die Bastelvorlage für Halvar von Seite 18 findest du unter www.studio100.com/wickie

KOMPASS

Wickie und die starken Männer sind oft wochen-
lang auf den großen weiten Meeren unterwegs.
Um sich nicht zu verirren, orientieren sich die
tapferen Männer nachts an den Sternen. Tagsüber
nutzen sie ihren Kompass. Dieser hier ist der
einfachste Kompass der Welt.

DAS BRAUCHST DU

Pfütze oder Wasserschale

Magnet · Nadel · Blatt

SO GEHT'S

1. Fahre mit dem Magneten mehrmals an der Nadel entlang, immer in der gleichen Richtung. Auf diese Weise wird die Nadel magnetisch. Das ist wichtig, damit sie später auf das Magnetfeld der Erde reagiert.

2. Suche dir eine windgeschützte Pfütze. Wenn es lange nicht geregnet hat oder gerade keine Pfütze in der Nähe ist, kannst du auch eine Schale zwei Zentimeter hoch mit Wasser füllen. Lege das Blatt ganz vorsichtig auf die Wasseroberfläche.

3. Platziere die Nadel auf der Mittelrippe des Blatts. Wenn das Blatt durch die Last der Nadel untergehen sollte, suche einfach ein größeres Blatt. Wichtig ist, dass das Blatt keine Löcher hat. Fertig ist dein Kompass!

So funktioniert dein Kompass:

Die Nadel braucht einige Minuten, um sich richtig einzupendeln. Sie richtet sich in Nord-Süd-Richtung aus. Allerdings weißt du jetzt noch nicht, in welcher Richtung Norden und Süden liegen. Um das herauszufinden, musst du, bevor du dich auf die Jagd machst, die Nadel zu Hause einmal testen. Schau, in welche Richtung sie sich auspendelt, und überprüfe anhand eines Kompasses, ob sich die Nadelspitze oder das Nadelöhr nach Norden ausrichtet. Dies musst du dir nun gut merken. Den alten schweren Kompass kannst du ab sofort getrost zu Hause lassen, wenn du dich auf Entdeckungsreise begibst. Alles, was du brauchst, sind die Nadel und ein Blatt.

Gut zu wissen:

Dass sich deine Nadel in Nord-Süd-Richtung ausrichtet, liegt daran, dass die Erde ein riesiger Magnet ist. Nord- und Südpol sind nämlich nicht nur die nördlichsten und südlichsten Punkte des Planeten, sondern auch die beiden stärksten Pole dieses Supermagneten. Zwischen ihnen herrscht ein Magnetfeld und genau an diesem richtet sich deine Nadel aus, da du sie ja magnetisiert hast. Das funktioniert übrigens nur bei Nadeln, die Eisen enthalten – das tun aber praktisch alle Nähnadeln.

FLASCHEN-POST

Der böse Elsenor hat das Schiff der Männer von Flake geschnappt und lässt Halvar mit seinen Männern auf einer einsamen Insel zurück. Hätten sie jetzt doch nur eine Flaschenpost, um nach Hilfe zu rufen! Bastel dir eine Flaschenpost fürs Kinderzimmer oder um sie auf große Fahrt zu schicken.

DAS BRAUCHST DU

Blatt Papier   Stift

Flasche   passender Korken

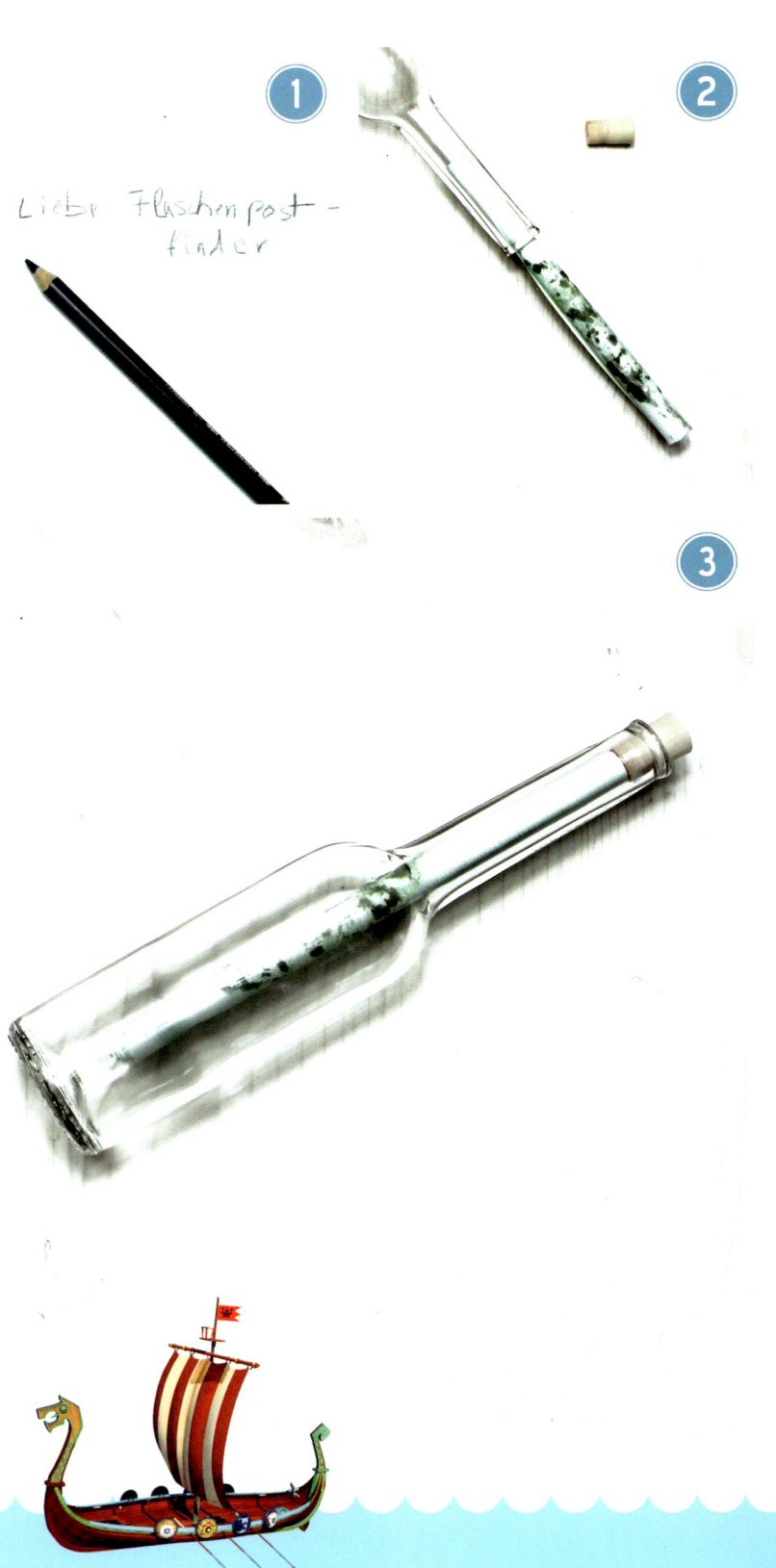

SO GEHT'S

1. Schreibe auf das Blatt Papier einen netten Gruß an den Finder deiner Flaschenpost. Ganz zum Schluss des Briefs bittest du den Finder, dir eine Postkarte von dem Ort zu schicken, an dem die Flasche gefunden wird. Vergiss nicht deine Adresse zu notieren.

2. Rolle den Brief zusammen und stecke ihn in die Flasche.

3. Stecke den Korken fest auf die Flasche, damit während der langen Reise auf dem weiten Meer kein Wasser hineinlaufen kann.

Liebe Flaschenpost-finder

4. Ab mit der Flasche in die Fluten! Wirf die Flasche ins Meer oder in einen Bach bei dir in der Nähe und nun heißt es warten. Es könnte Jahre dauern, aber vielleicht bekommst du dann Post aus einem weit entfernten Land. Ganz schön spannend, oder?

Wickies Tipp
Dekoriere die Flaschenpost mit einem farbigen Band und Perlen. So wird sie leichter gefunden.

WASSER-RAD

Als Sven der Schreckliche fast die ganze Wikinger-Mannschaft entführt, muss Wickie zu mächtigen Gegenmitteln greifen: Er baut einen unschlagbaren Schiffsantrieb. Mach dir dieselbe Kraft zunutze und bastel dir ein kleines Wasserrad. Und dann heißt es ab damit an den Bach!

DAS BRAUCHST DU

6 gleich lange Stöcke   Korken

Taschenmesser   Acrylfarbe   Pinsel

Papier zum Unterlegen   4 Eichelhütchen

Kleber   2 Astgabeln

1. Zunächst brauchst du 6 gleich lange Stöcke. Solltest du keine finden, kannst du natürlich auch einen langen nehmen und diesen in kleine Stücke schneiden. Sobald du jedoch mit einem Messer oder einer scharfen Schere arbeitest, bitte deine Eltern um Hilfe.

2. Damit dein Wasserrad nicht nur reibungslos funktioniert, sondern auch noch top aussieht, kannst du den Korken – später die Steckverbindung deines Rads – mit dem Pinsel und wasserfester Farbe anmalen. Lege beim Malen Papier unter, damit der Tisch nicht auch bunt wird.

3. Spätestens jetzt holst du dir Hilfe von deinen Eltern. Denn jeweils ein Ende der Stöcke muss mit dem scharfen Messer angespitzt werden.

4. Bohre die Stöcke mit den Spitzen, wie auf dem Foto zu sehen, in den Korken. Vielleicht musst du zuvor ein kleines Loch in den Korken bohren, damit die Stöcke besser halten. Jeweils ein Stock kommt in die Ober- und Unterseite des Korkens. Die vier weiteren werden gegenüberliegend in die Seiten gesteckt.

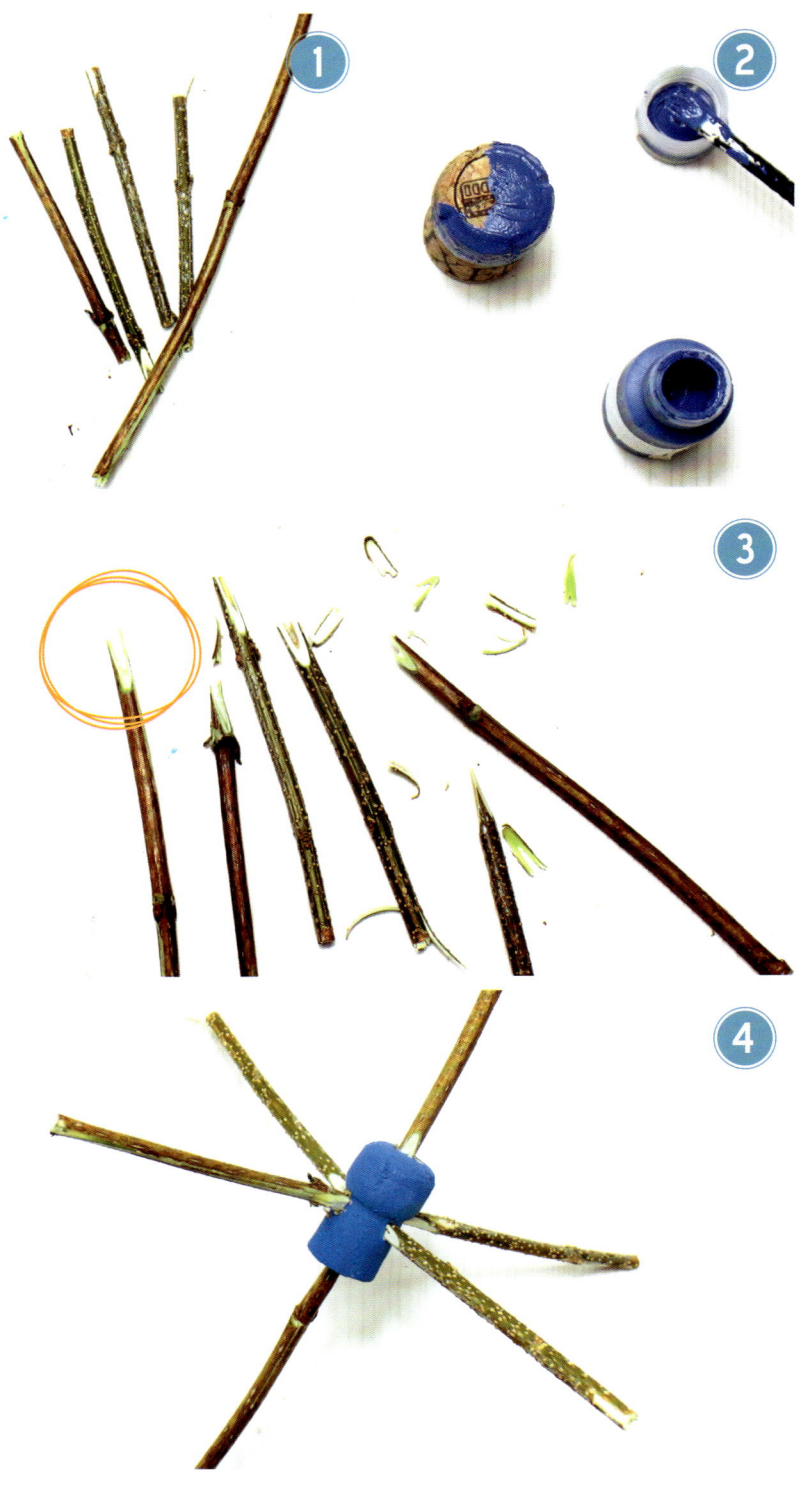

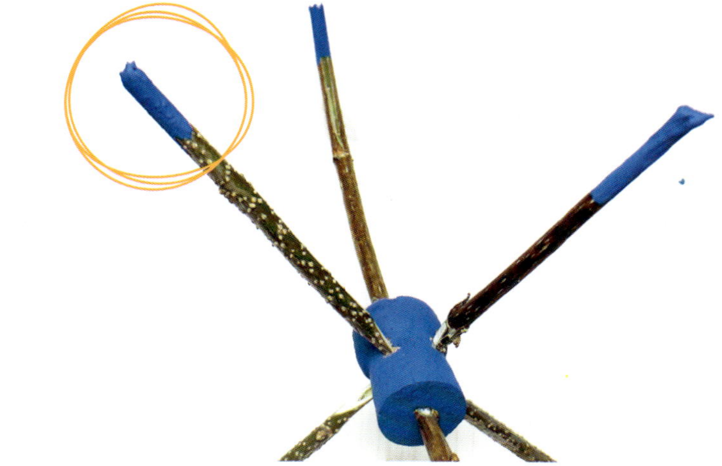

5

5. Bemale die Enden der Stöcke mit wasserfester Farbe.

6. Damit sich das Rad in den Fluten richtig schnell bewegt, kannst du mit Klebstoff auf die Spitzen der vier „Speichen" Eichelhütchen aufkleben. Auf diese Weise vergrößerst du die Angriffsfläche!

6

So funktioniert dein Wasserrad:

Dein Wasserrad ist nun startbereit. Suche dir am Bach zwei weitere Äste mit einer Gabelung, diese werden nebeneinander in das Wasser gedrückt, bevor das Wasserrad aufgelegt wird und es anfängt sich zu bewegen.

MUSCHEL- WINDSPIEL

Genau wie Ylvi sammelst bestimmt auch du unglaublich gerne Muscheln am Strand, oder? Heute wird es Zeit, all deine Schätze zusammen- zusuchen und zu inspizieren. Denn für dieses hübsche Windspiel brauchst du alle Muscheln mit einem kleinen Loch in der Spitze.

DAS BRAUCHST DU

Muscheln mit einem Loch

Acrylfarbe   Pinsel   Papier zum Unterlegen

Ast   Schere   Kordel, etwa 3 m lang

SO GEHT'S

1. Suche Muscheln mit einem kleinen Loch in der Spitze. Du kannst auch deine Eltern bitten, die Löcher mit einem kleinen Handbohrer vorsichtig in die Muschel hineinzubohren. Male die Muscheln innen hübsch an, zum Beispiel mit bunten Punkten, Streifen oder Zickzack-Muster. Lege beim Malen Papier unter, um den Tisch zu schützen.

2. Schneide die Kordel auf etwa 60 Zentimeter zu und mache einen Knoten hinein.

3. Auf diesen Knoten wird nun die erste Muschel geschoben. Dann mache in 5 bis 10 Zentimeter Abstand den nächsten Knoten und schiebe eine weitere Muschel darauf. Genauso geht es nun weiter. Ziehe auf jede Kordel 5 bis 7 Muscheln.

1

2

3

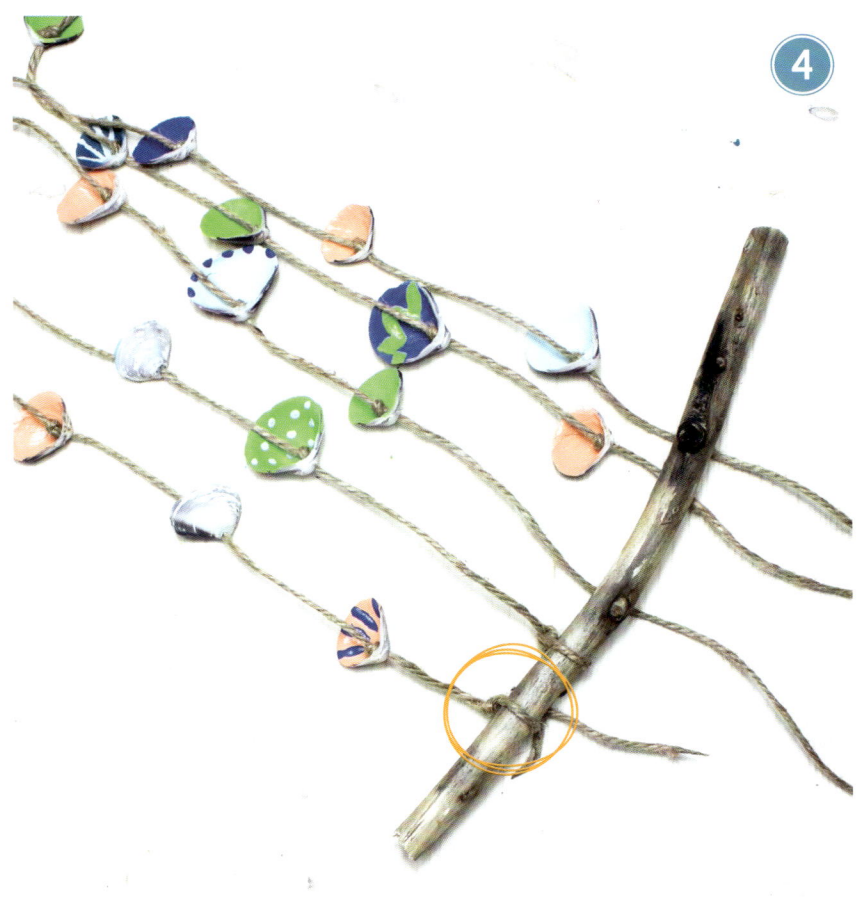

4. Sobald du alle Muscheln auf die Kordeln gezogen hast, werden sie an den Ast geknotet. Mach am besten einen Doppelknoten, damit auch starker Wind dem Windspiel nichts anhaben kann. Hänge die einzelnen Ketten mit einem Abstand von etwa 5 Zentimetern nebeneinander, damit sich die Muscheln nachher im Wind auch berühren.

5. Zu guter Letzt kommt noch eine Kordel an die beiden Enden des Asts, an der du das Windspiel aufhängen kannst.

⑤

IN FLAKE

RUNEN-TÜRSCHILD

Wusstst du, dass es eine richtige Wikinger-Schrift gibt? Mit sogenannten Runen meißeln sie ihre Heldentaten in Stein oder verzieren ihre Schiffe. Wie wäre es, wenn du dir selbst ein Türschild in dieser Sprache bastelst? Sieht ganz schön geheimnisvoll aus, oder?

DAS BRAUCHST DU

dicker Ast   Blatt Papier   Stift

Pinsel   Acrylfarbe   Kordel

bunte Perlen   Papier zum Unterlegen

1. Suche dir ein Stück Holz. Am besten eignet sich dafür ein Ast, Treibholz oder sehr dicke Rinde.

2. Schreibe deinen Namen mit großen Buchstaben auf ein Blatt Papier. Anschließend suchst du im Runenalphabet (siehe rechte Buchseite unten) die passende Rune zu jedem Buchstaben und schreibst sie darunter. Das ist dein Wikinger-Name, sieht richtig cool aus, oder?

3. Übertrage die Runen erst mit dem Stift auf dein Stück Holz. Male sie dann mit Acrylfarbe nach. Lege beim Malen immer Papier unter. Sieht das nicht aus, als hättest du es direkt aus einem alten Wikinger-Schiff gebrochen?

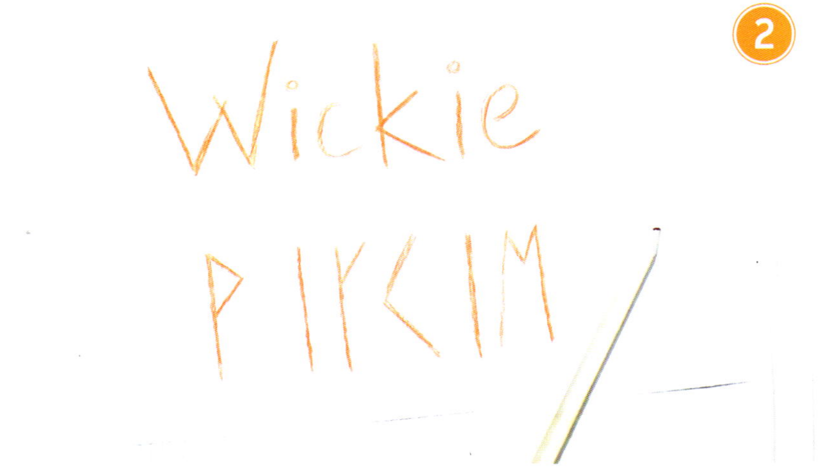

3a

3b

4. Um das Schild aufhängen zu können, fehlt noch die Kordel. Knote sie an beiden Seiten des Asts fest. Wenn du magst, kannst du zuvor noch ein paar hübsche Perlen auffädeln.

5. Hänge das Schild an deine Tür. Nur deine echten Freunde wissen, was es heißt. Mit den alten Runen kannst du fast alles aus diesem Buch verzieren.

Wickies Tipp

Mach dir eigene Perlen aus Salzteig! Rolle kleine Kugeln, schiebe sie auf ein Holzstäbchen und backe sie im Backofen. Sobald die Perlen ausgekühlt sind, kannst du sie in deinen Lieblingsfarben anmalen.

GEPRESSTE BLUMEN

Wickie und die starken Männer leben ganz hoch im Norden, wo die Winter sehr lang und sehr kalt sind. Um sich auch in dieser Zeit an schönen bunten Blumen erfreuen zu können, trocknen und pressen die Wikinger-Frauen die Blüten im Sommer. So bleiben sie ganz lange haltbar.

DAS BRAUCHST DU

jede Menge Blüten oder Blätter

schweres, altes Buch

schwere Gegenstände

Toiletten- oder Küchenpapier

SO GEHT'S

1. Mach einen Spaziergang durch den Park oder Wald und sammle die schönsten und buntesten Blumen, die du finden kannst. Wenn gerade Herbst ist, kannst du auch schöne Blätter sammeln.

2. Nimm dir ein schweres Buch, um es als Presse zu verwenden. Suche dir am besten ein altes aus, bei dem es nichts ausmacht, wenn sich die Buchseiten etwas wellen. Klappe das Buch in der Mitte auf und lege auf eine der Buchseiten eine dicke Schicht Küchen- oder Toilettenpapier.

3. Lege eine Blüte auf das Papier. Mit einer weiteren Lage Küchen- oder Toilettenpapier deckst du die Blüte gut ab.

2

3

4. Klappe die Seiten zu, überspringe ein paar Seiten und lege weitere Blüten ein, immer zwischen Papierlagen.

5. Schließe das Buch. Achte dabei darauf, dass keine Blüte an der Seite rausschaut. Staple mehrere dicke Bücher oder andere schwere Gegenstände, wie zum Beispiel Steine oder ein Holzscheit, auf dem „Pressbuch".

6. Jetzt ist etwas Geduld gefragt. Um die Blumen richtig zu pressen und von sämtlicher Flüssigkeit zu befreien, müssen sie mindestens 3 Wochen in dem Pressbuch bleiben. Allerdings musst du alle 3 Tage die Küchenrolle wechseln, um den Feuchtigkeitspegel im Buch niedrig zu halten, andernfalls fangen deine Blüten an zu schimmeln. Viel Erfolg!

BLUMEN-GIRLANDE

Ylva und den anderen Frauen aus dem Dorf Flake wird nie langweilig, wenn ihre Männer auf hoher See sind. Sie bestellten die Felder, ziehen die Kinder auf und sorgen für ein heimeliges Zuhause. Doch am liebsten basteln sie mit Blumen, zum Beispiel diese hübsche Girlande.

DAS BRAUCHST DU

Klarsichtfolien Kordel Schere

jede Menge gepresste Blumen

Klebstoff

SO GEHT'S

1. Lege als Erstes die Klarsicht-folien vor dir auf dem Tisch aus.

2. Über die Folien legst du die Kordel. Drücke entlang der Kordel mit etwas Abstand Klebstoffkleck-se auf die Folie. Aber Vorsicht, der Klebstoff läuft stark auseinander!

3. Drücke deine gepressten Blüten oder Blätter auf die Klebekleckse. Damit die Blüten bombenfest halten, drückst du auf die Blumen einen weiteren dicken Klecks Klebstoff.

4. Jetzt brauchst du etwas Geduld. Der Klebstoff muss über Nacht trocknen. Dann kannst du die Blütenkleckse von der Folie lösen. Und wo wirst du deine Girlande aufhängen?

Liebe Mama
lieber Papa,

heute habe ich

BRIEF-PAPIER

Ylva freut sich immer unheimlich, wenn sie von ihrem Halvar einen Brief bekommt. Halvar ist ständig auf Entdeckungstour und ein Brief daher oft der einzige Kontakt. Überrasche auch du deine Großeltern oder Freunde mit einem kleinen Gruß. Am besten auf selbst gestaltetem Briefpapier.

DAS BRAUCHST DU

Brett   Blatt Papier

frische, saftig grüne Blätter

etwas Toilettenpapier

Hammer

1. Lege das Blatt Papier flach auf das Brett und platziere die Blätter in einem schönen Muster. Das Brett brauchst du als Unterlage, um deinen Tisch zu schützen, damit er keine Dellen bekommt.

2. Über die Blätter legst du nun das Toilettenpapier.

3. Jetzt sind deine Wikinger-Kräfte gefragt. Schlage mit dem Hammer auf das Papier. Nach ein paar Schlägen wirst du feststellen, dass sich grüne Farbe langsam durch das Toilettenpapier drückt. Mach so lange weiter, bis du die gesamte Form deines Blättermusters in dem Papier erkennst.

4. Anschließend ziehst du das Toilettenpapier ganz vorsichtig ab und entfernst die Blätter von dem Papier. Tada! Du hast mit deinen Bärenkräften die Struktur der Blätter auf dein Briefpapier kopiert. Lass das Ganze jetzt noch kurz trocknen.

5. Zum Schluss musst du dir nur noch überlegen, wem du deinen ersten Brief schreiben willst, und dann nichts wie ran an die Feder beziehungsweise den Füller. Der Empfänger wird sich sicherlich sehr über deine Zeilen freuen.

GESCHENK-ANHÄNGER

Natürlich kannst du auch jede Menge andere coole Sachen aus den getrockneten Blumen basteln, zum Beispiel diesen Geschenkanhänger aus Salzteig. Da bleibt nur zu hoffen, das Gorm dieses Jahr Weihnachten nicht wieder verschläft und die hübsch verpackten Geschenke verpasst.

DAS BRAUCHST DU

Schüssel · 1 Tasse Salz · 1 Tasse Wasser · 2 Tassen Mehl · Löffel · Backpapier · Nudelholz · Glas, Unterteller oder Keksausstecher · getrocknete Blumen · Messer · Buntstift · Acrylfarben · Pinsel · Papier zum Unterlegen · Schnur

1. Für den Salzteig schüttest du Salz, Wasser und Mehl in die Schüssel und rührst alles mit dem Löffel kräftig um. Knete den Teig so lange, bis eine geschmeidige Teigkugel daraus wird.

2. Rolle die Teigkugel mit dem Nudelholz zu einer 1 Zentimeter dicken Fläche aus. Am besten geht das auf Backpapier.

3. Auf den Teig kommen jetzt die Blüten. Drücke sie mit dem Holz vorsichtig in die Masse. Pass aber auf, dass die Blüten nicht ganz darin verschwinden!

4. Da die Blüten ganz braun würden, wenn sie mit gebacken würden, müssen sie jetzt wieder aus dem Teig herausgezogen werden. Sei dabei ganz vorsichtig, damit der Abdruck nicht kaputt geht.

5. Mithilfe des Untertellers wird die Anhängerform ausgeschnitten. Lege den Teller dazu einfach auf dein Motiv und schneide mit dem Messer einmal drumherum. Alternativ kannst du natürlich auch ein Glas oder einen Keksausstecher verwenden.

6. Damit du deinen Anhänger nachher auch an einem Geschenk festknoten kannst, musst du mit dem Buntstift an einer Stelle des Anhängers noch ein kleines Loch hineinbohren. Wenn du willst, kannst du auch ganz vorsichtig einen Gruß oder Geburtstagsglückwünsche in den Teig ritzen.

7. Anschließend legst du deine Anhänger auf einen Ofenrost mit Backpapier und lässt sie bei 150 °C etwa 1 Stunde backen.

8. Sobald die Backzeit um ist und die Anhänger gut ausgekühlt sind, kannst du sie mit Acrylfarbe hübsch bemalen. Vergiss dabei nicht, Papier unterzulegen. Am Ende ziehst du durch das kleine Loch eine Schnur – und fertig!

SELBST GEMACHTE FARBEN

Wappen, Helme, Schilde, ja sogar ganze Schiffe werden in leuchtenden Farben angemalt. Je bunter, desto besser! Du kannst die Farben ganz leicht mit Materialien aus der Natur selber herstellen. Mach dich draußen auf die Suche nach deinen Lieblingsfarben!

DAS BRAUCHST DU

Pflanzen und Früchte	Messer
Kochtopf	Wasser	Löffel
engmaschiges Sieb	kleine Gläser

Für die verschiedenen Pflanzen und Früchte gibt es unterschiedliche Techniken, um ihnen ihre Farbe zu entlocken. Eine davon ist das Herauskochen des Farbsuds. Diese Technik lernst du hier anhand des Löwenzahns.

1. Schneide im ersten Schritt die Stiele unterhalb der gelben Blätterchen ab. Nun fällt die ganze Blüte auseinander. Gib alle gelben Blätter in den Kochtopf.

2. Gieße so viel Wasser hinzu, dass alle Blüten schwimmen.

3. Bei dem nächsten Schritt müssen dir deine Eltern unbedingt helfen. Jetzt geht es nämlich in die Küche an den Herd. Lass den Sud dort für einige Minuten aufkochen. Schon nach kurzer Zeit wirst du feststellen, dass sich das Wasser gelb färbt. Dies ist der ideale Zeitpunkt, um den Topf von der heißen Platte zu nehmen und deine Farbe auskühlen zu lassen.

4. Fülle die Flüssigkeit nun durch ein Sieb in ein Glas, sodass keine Blütenblätter mehr darin schwimmen. Jetzt kannst du mit deinen Farben die schönsten Kunstwerke zaubern.

Für diese Technik eignen sich folgende Pflanzen:

Gelb: Löwenzahnblätter, Birkenblätter
Rostbraun: Zwiebelschalen
Rot: Hagebutten
Braun bis Schwarz: schwarzer Tee, Kaffee
Grün: Himbeerblätter, Brombeerblätter, Spinat

Wickies Tipp

Einige der Pflanzen sind nicht so lange haltbar. Die Pflanzenteile, die du für diese Technik brauchst, kannst du deshalb trocknen lassen und dann zu einem späteren Zeitpunkt zu Farbe verarbeiten.

PINSEL

Jetzt hast du jede Menge Farben hergestellt. Was fehlt nun noch? Genau, ein Pinsel! Also los geht´s! In der Natur lassen sich verschiedene Pinselhaare finden. Und wie wäre es dann mit einem Porträt von Wickie oder einem Gemälde vom wunderschönen Dorf Flake?

DAS BRAUCHST DU

kleine Äste als Stiele

Schere Schnur

Zweige, Federn, Gräser oder Stroh

1. Als Stiel des Pinsels verwendest du einen kleinen Ast. An das untere Ende des Asts bindest du das Pinselhaar, zum Beispiel einen Tannenzweig. Vielleicht musst du den Zweig noch ein wenig zurechtschneiden, damit er gut in deinen Farbbecher passt.

2. Das Gleiche machst du auch mit den anderen Materialien, die du gefunden hast. Lass deiner Fantasie und deinem Forschergeist freien Lauf und probiere verschiedene Dinge aus. Du kannst dir breite, feine, dicke und dünne Pinsel basteln.

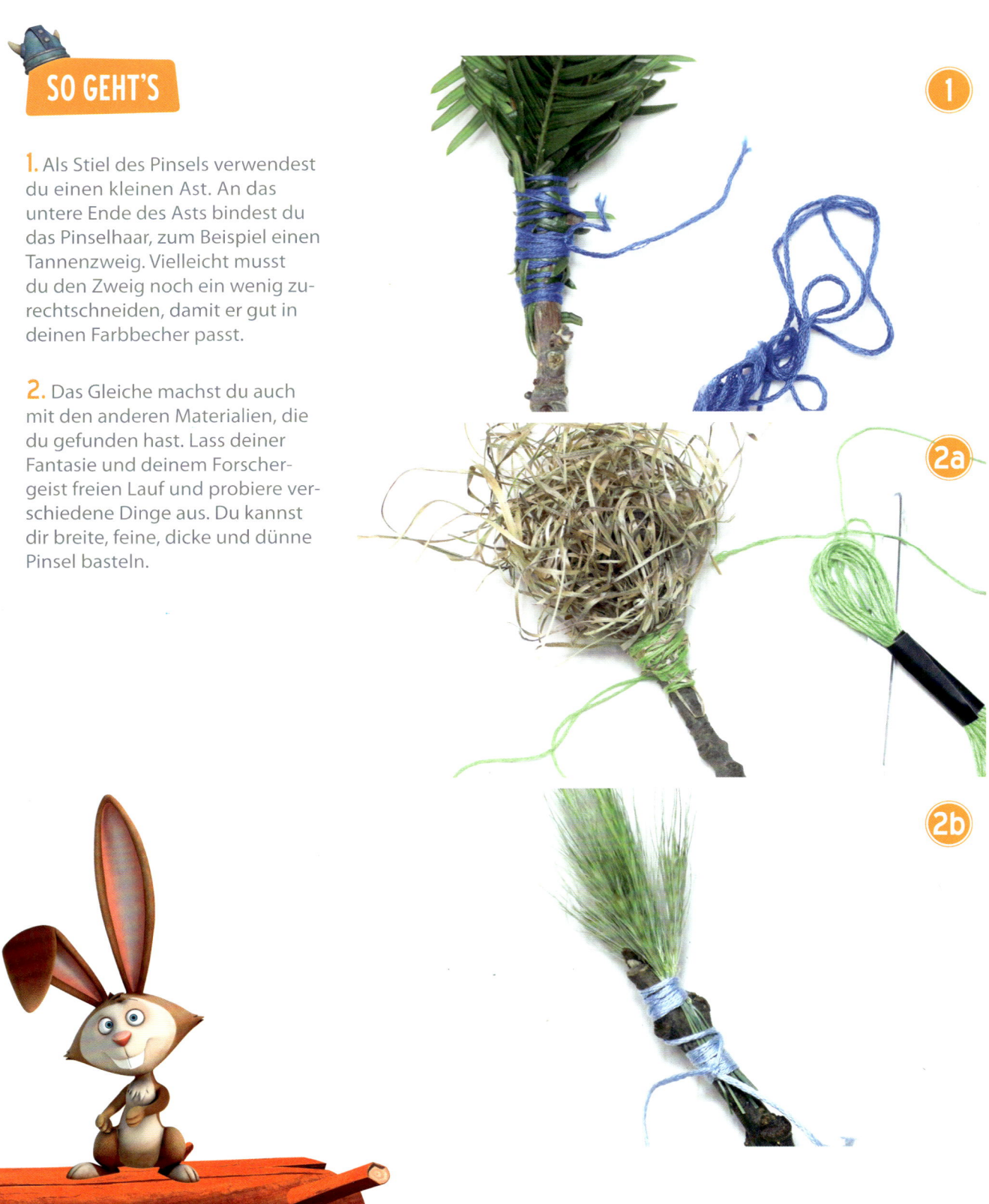

STEIN-
DOMINO

Erinnerst du dich daran, als Wickie seine Domino-Steine fand? Genau, das war damals auf der Überfahrt zur Smaragd-Insel. Sie sind für Wickie ein Riesenschatz. Hier erfährst du, wie du dein eigenes Domino-Spiel mit einer coolen Wikinger-Tasche zur Aufbewahrung bastelt.

DAS BRAUCHST DU

Stück Leder · Teller · weißer Buntstift

Stoffschere · Locher · Steine · Acrylfarbe

Pinsel · Papier zum Unterlegen

Kordel in deiner Lieblingsfarbe, etwa 1 m lang

1. Starte mit der Wikinger-Tasche. Breite dafür zunächst das Leder auf dem Tisch aus. Lege nun den größten Teller, den du bei euch in der Küche findest, auf das Leder und male mit dem weißen Buntstift einmal rundherum.

2. Mit der Schere wird jetzt das Leder zugeschnitten. Schneide genau auf der weißen Linie.

3. Stanze entlang der Schnittkante Löcher in das Leder. Sollte der Locher nicht sauber stanzen, kannst du einfach ein Blatt Papier unter das Leder schieben und durch beide Schichten hindurch stanzen. So erhältst du garantiert perfekte Löcher.

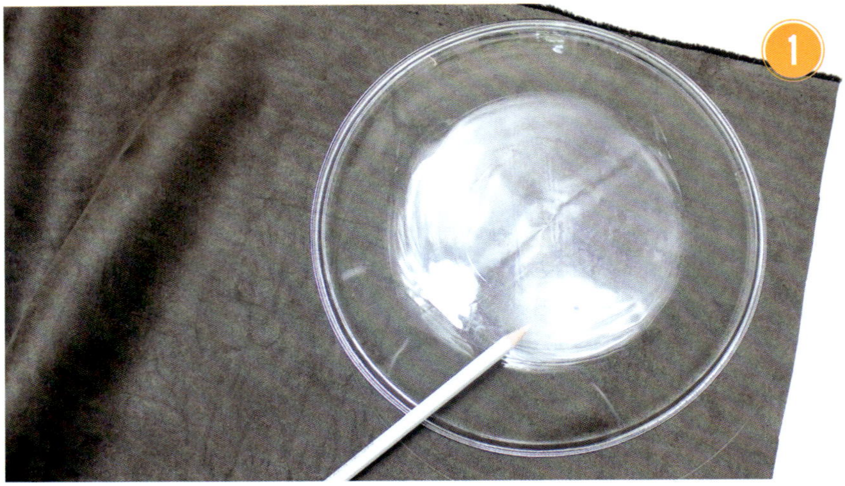

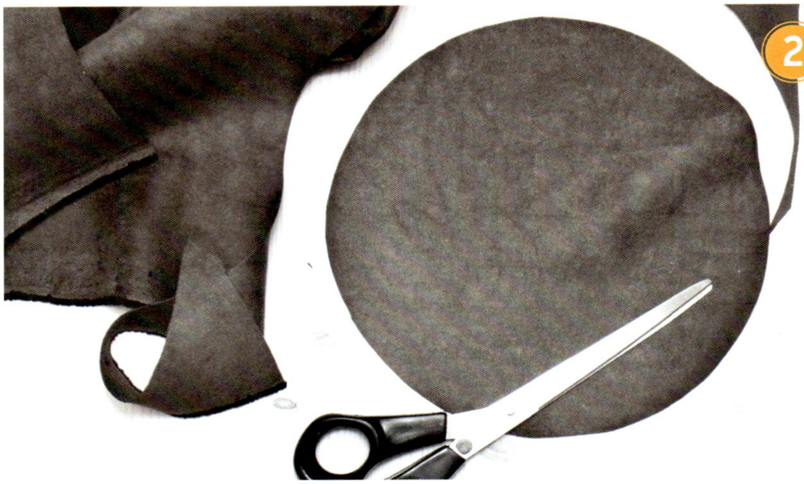

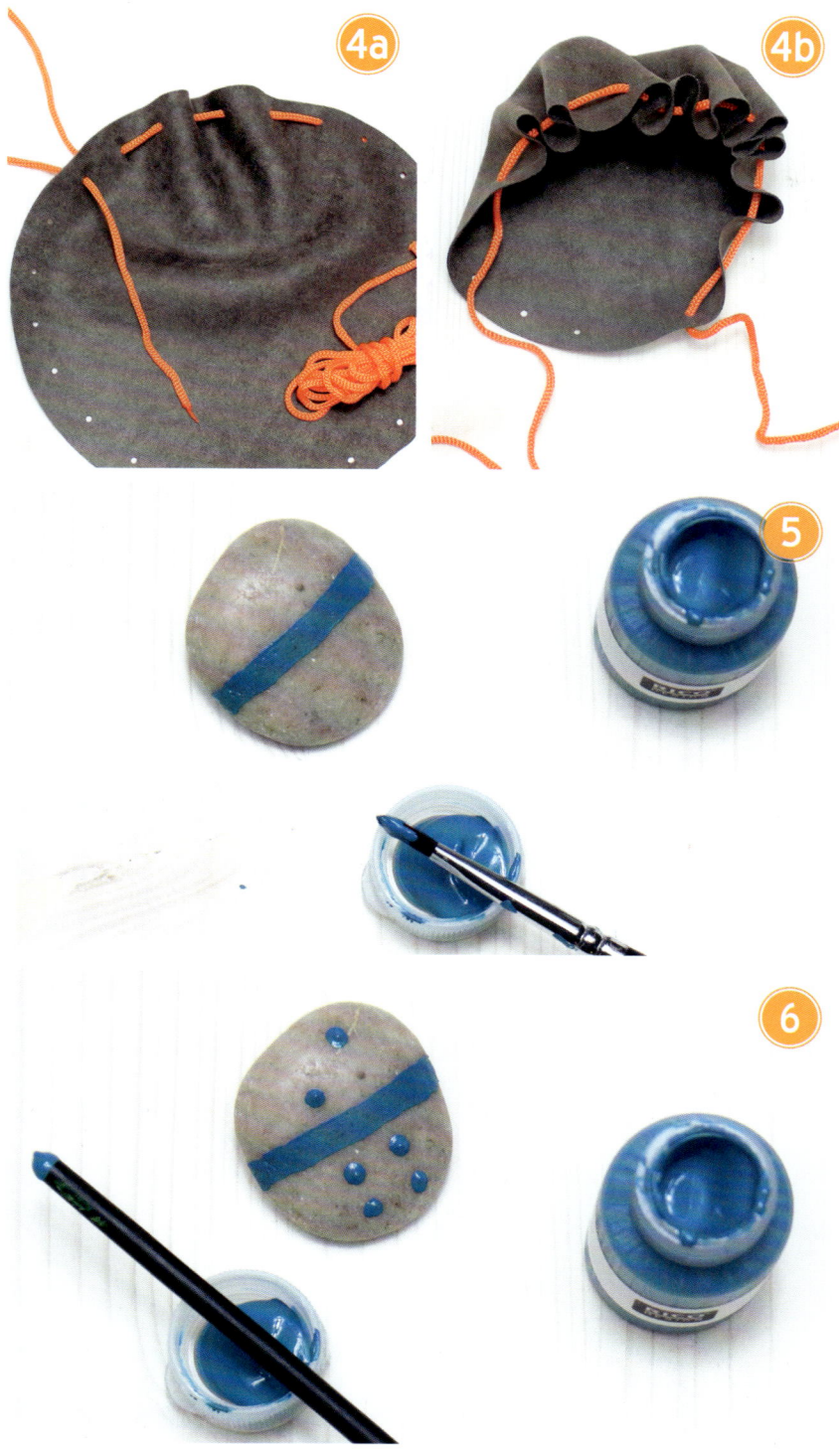

4. Durch die Löcher musst du nun nur noch eine Kordel fädeln und voilà, fertig ist der Beutel!

5. Weiter geht's mit den Domino-Steinen. Bemale die Steine mit Acrylfarbe. Dazu musst du als Erstes genau in der Mitte des Steins einen Strich ziehen, der ihn in zwei Hälften teilt.

6. Danach kannst du den Stein mit jeweils zwei Würfelzahlen bemalen. Vergiss nicht Papier unterzulegen, damit die Farbe nur auf die Steine und nicht auf den Tisch kommt. Gehe alle Zahlen-kombinationen durch, sprich 1/1, 1/2 und so weiter. Vielleicht be-malst du die Steine auch einfach mit Wickie-Bildern. Zum Beispiel mit einem Helm, einer Axt, einem Wikinger-Schiff und so weiter. Achte nur darauf, dass später ge-nug Steine aneinanderpassen.

WIKINGER-SCHACH

Was gibt es Schöneres nach einem aufregenden Abenteuer auf hoher See, als auf der Wiese zu Hause eine Runde Wikinger-Schach zu spielen? Und noch mehr Spaß macht es mit selbst gemachten Spielklötzen! Als Motive eignen sich zum Beispiel Wickies Helm und Sterne.

DAS BRAUCHST DU

11 Holzscheite oder runde Stämme

Pinsel · Acrylfarbe · Papier zum Unterlegen

6 dünnere Stöcke

4 Steine

1. Teile 10 Holzscheite in zwei Lager. Male jeweils 5 Scheite mit demselben Motiv an, zum Beispiel mit Wickies Helm und Sternen. Lege beim Malen sicherheitshalber Papier unter.

2. Huch, da ist ja noch ein elfter Scheit über. Dieser wird der König. Würde es da nicht super passen, eine Krone mit gelber Farbe auf den Stamm zu malen?

3. Die 6 dünnen Stöcke bekommen auch einen Anstrich – farblich passend zu den Motiven.

Hinweis

Unter www.studio100.com/wickie findest du viele tolle Malvorlagen für die Scheite.

Und so funktioniert das Wikinger-Schach:

Bevor es losgeht: Markiere mit den 4 Steinen zunächst das Spielfeld. Auf den gegenüberliegenden Seiten stellen beide Spieler nun ihre 5 Holzscheite zwischen den Eckpunkten auf. In die Mitte des Felds kommt der König.

Jetzt geht's los: Der erste Spieler bekommt alle 6 Wurfhölzer und versucht, die aufgestellten Scheite des Gegners umzuwerfen. Alle Scheite, die umgeworfen wurden, werden von dem Gegner nun in die Mitte geschleudert und dort aufgestellt. Nun muss der Gegner versuchen, diese mit 6 möglichen Würfen umzuwerfen. Falls es ihm gelingt, werden diese Holzscheite aus dem Spiel genommen. Falls er es jedoch nicht schafft, darf der erste Spieler zur Mitte vorrücken und von dort in der nächsten Runde die Scheite des Gegners abwerfen.

Wann darf der Gegner auf die Scheite des ersten Spielers werfen? Gelingt es dem Gegner, weniger als 6 Wurf zu benötigen, um seine Scheite in der Mitte umzuwerfen, darf er die restlichen Würfe auf die Scheite des Gegners richten und das Spiel dreht sich.

Wann hat man gewonnen? Sobald einer der Spieler alle Scheite des Gegners abgeräumt hat, wirft er zum Schluss auf den König in der Mitte. Wer diesen als Erstes umwirft, hat gewonnen.

MEMORY

Wickie ist der cleverste Wikinger, den es je gab. Bei ihm kommt nie Langeweile auf. Selbst lange Fahrten über das Meer hinüber zur Möweninsel machen Wickie nichts aus. Denn er hat stets sein Lieblingsspiel Memory dabei. Bastel auch du dir ein Memory, am besten mit Wickie-Symbolen!

DAS BRAUCHST DU

Äste   Schmirgelpapier

Säge   Buntstifte

1. Säge den Ast ganz vorsichtig in etwa 1 Zentimeter dicke Scheiben. Bitte bei diesem Arbeitsschritt unbedingt deine Eltern, dir zu helfen.

2. Glätte die Schnittflächen der Scheiben mit Schmirgelpapier und entferne alle Holzsplitter.

3. Auf jeweils eine der Holzplättchenseiten werden jetzt Wickie-Motive gemalt. Denke daran, dass du jedes Motiv auf zwei Plättchen malen musst. Wie wäre es zum Beispiel mit Wickies Helm, Gorms Fernrohr oder Ulmes Leier? Suche dir viele verschiedene Motive aus der Wickie-Welt und bemale damit alle Scheiben. Bestimmt findest du auch in diesem Buch viele Anregungen.

Hinweis

Unter www.studio100.com/wickie findest du viele tolle Malvorlagen für dein Memory.

So funktioniert dein Memory:

Das Spiel kann beginnen! Drehe alle Plättchen um und mische sie gut durch. Na, glaubst du, du findest auf Anhieb alle Motive, die zueinander gehören? Du kannst das Memory natürlich auch zusammen mit deinen Freunden spielen.

WANDBILD

Mach aus deinem Kinderzimmer mit diesem tollen Wandbild ein lauschiges Wikinger-Plätzchen. Am besten unternimmst du mit deinen Eltern einen ausgiebigen Spaziergang durch den Wald und entlang einer Wiese und sammelst jede Menge hübsche Blumen und Blätter.

DAS BRAUCHST DU

- Schnur oder Wolle
- Perlen
- v-förmiger Ast
- Schere
- Blätter
- bunte Blumen
- Tannenzapfen

1. Fädle auf die Schnur oder Wolle ein paar Holzperlen. Sollten die Bohrungen ganz klein und die Wolle sehr schwer durchzufädeln sein, kannst du auch eine Nadel zur Hilfe nehmen.

2. Wickle die Schnur um ein Ende des Asts. Wickle sie ruhig ein paarmal herum, das sieht schick aus. Knote sie anschließend fest.

3. Von dem einen Ende des Asts wird die Schnur zum anderen Ende hin gespannt und auch hier aufgewickelt und festgeknotet. An dieser langen Schlaufe kann das Wandbild später aufgehängt werden. Aber Vorsicht! Schneide den Faden noch nicht ab!

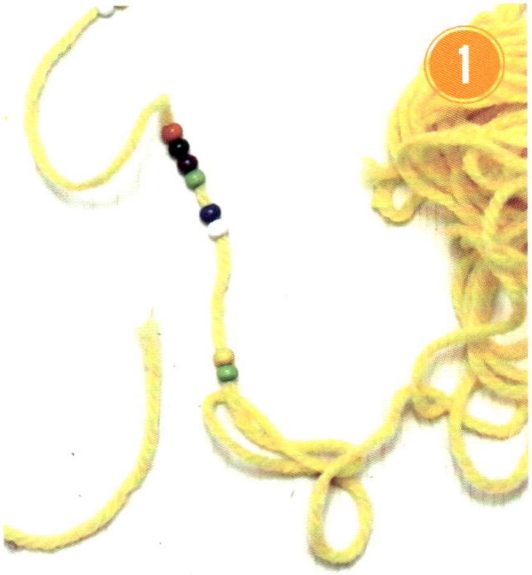

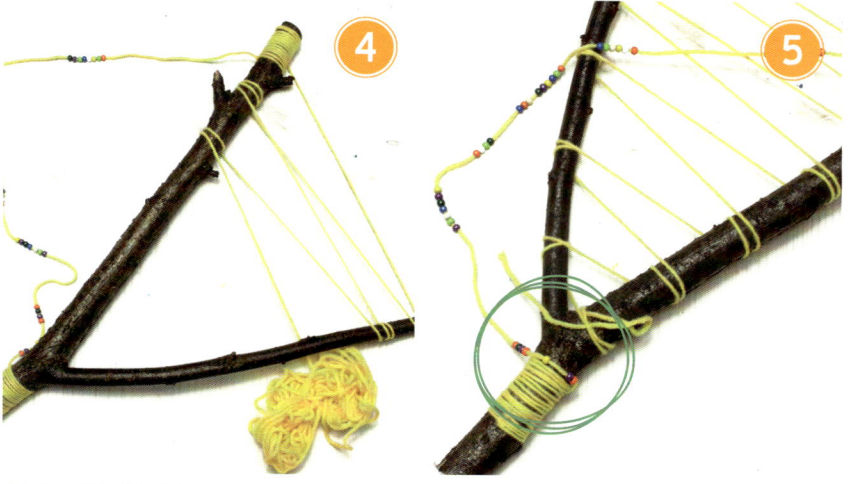

4. Als Nächstes spannst du die Schnur quer hinüber zum dritten Arm und wickelst sie einmal herum. Danach spannst du sie hin und her. Das machst du so lange, bis du unten angekommen bist.

5. Hier wird die Schnur nun festgeknotet und abgeschnitten.

6. Jetzt kannst du die Blumen, Blätter und Tannenzapfen einweben. Das Tolle an dem Wandbild ist, dass du die Blumen und Blätter immer wieder austauschen kannst und es deshalb auch nie langweilig wird.

TRAUM-FÄNGER

> Wer so tolle Ideen hat wie Wickie, der muss im wahrsten Sinne des Wortes „ausgeschlafen" sein. Genau so wichtig wie genug Schlaf sind auch gute Träume. Damit all die schlechten Träume dich nicht in den Schlaf verfolgen, bastelst du dir am besten einen Traumfänger.

DAS BRAUCHST DU

dünner Weidenzweig, etwa 1 m lang

Schale mit warmem Wasser · Eicheln · Acrylfarbe

Pinsel · Papier zum Unterlegen

bunte Schnur · Schere

Federn

SO GEHT'S

1. Entferne als Erstes alle Blätter von dem Ast. Lege ihn dann in das Waschbecken oder eine Schale mit warmem Wasser. Lass ihn etwa eine halbe Stunde darin einweichen, bis er sich biegen lässt, ohne zu brechen.

2. Da Warten viel zu langweilig ist, werden in der Zwischenzeit die Eicheln bunt angemalt. Lege dabei Papier unter.

3. Forme den Zweig nun zu einem Kreis, sodass sich die Enden des Zweigs etwa 10 Zentimeter überlagern. Binde den Ring mit der Schnur über die gesamte Länge der Überlappung zusammen, damit er seine Form behält.

4. Knote die beiden Enden der Schnur zusammen. An dieser Schlaufe kannst du den Traumfänger später aufhängen. Der zum Kreis gebogene Ast muss nun komplett austrocknen.

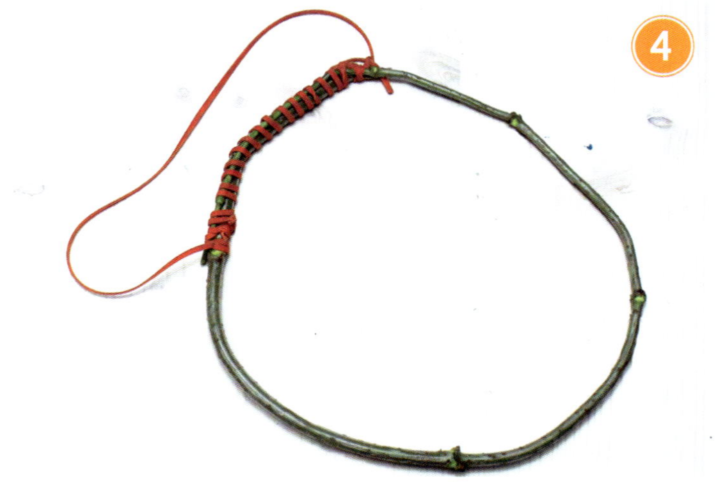

5. Sobald der Weidenkreis trocken ist, ist es Zeit, das Netz zu weben. Binde dafür zuerst ein Ende der Schnur mit einem Knoten fest und spanne sie dann auf die gegenüberliegende Seite. Fixiere die Schnur auch hier mit einem Knoten, bevor sie kreuz und quer weiter gespannt wird.

6. Sobald dir dein Netz gefällt, knotest du die Schnur mit einem Doppelknoten fest und schneidest sie ab.

7. Dein Traumfänger ist nun fast fertig. Du musst nur noch an den unteren Teil des Rings vier lange Schnüre knoten, an denen du dann die bunten Eicheln und Federn befestigst. Jetzt musst du ihn nur noch in der Nähe deines Betts aufhängen.

Wickies Tipp

Hänge an deinen Traumfänger einen persönlichen Gegenstand, zum Beispiel einen Ohrring. Auf diese Weise weiß er ganz genau, wessen Träume er Nacht für Nacht beschützen soll.

LEHM-ZIEGEL

„Er hat Muskeln – er hat Kraft": Mit dieser Siegeshymne wird Baltak nach dem Sieg beim Armdrücken gegen Halvar gefeiert. Doch wer wirklich der weltbeste Wikinger ist, steht natürlich außer Frage: Unser Wickie! Er ist sogar so stark, dass er die Lehmziegelwand zum Einstürzen bringt.

DAS BRAUCHST DU

Lehm Backpapier

Nudelholz Schale mit Wasser

Geodreieck oder Lineal

SO GEHT'S

1. Um richtig stabile Ziegel aus dem Lehm zu bauen, muss dieser erst einmal gepresst werden. Die ganze Luft muss herausgedrückt werden; das funktioniert am einfachsten, indem du ihn ein paarmal mit viel Schwung auf den Tisch fallen lässt.

2. Jetzt kommt das Nudelholz zum Einsatz. Aber Vorsicht, da du ja nicht möchtest, dass eure nächsten Weihnachtsplätzchen zwischen den Zähnen knirschen, solltest du die Lehmkugel zwischen zwei Lagen Backpapier legen. Auf diese Weise bleibt die Rolle sauber und die Kekse sandfrei. Rolle die Kugel zu einer etwa 1,5 Zentimeter dicken Fläche aus.

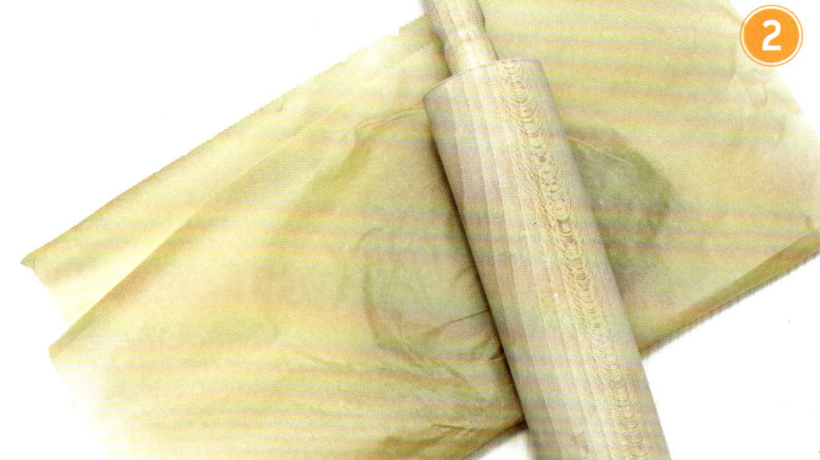

3. Das Geodreieck verwendest du jetzt als eine Art Schneidemesser. Da das Plastik aber stark an dem Lehm kleben bleibt und dadurch keine gleichmäßigen Ziegel entstehen, brauchst du eine Schale mit Wasser. Befeuchte das Lineal und du wirst sehen, es lässt sich durch den Lehm drücken wie durch Butter. Schneide zuerst Längs-, dann Querlinien. So entsteht ein gleichmäßiges Gitter.

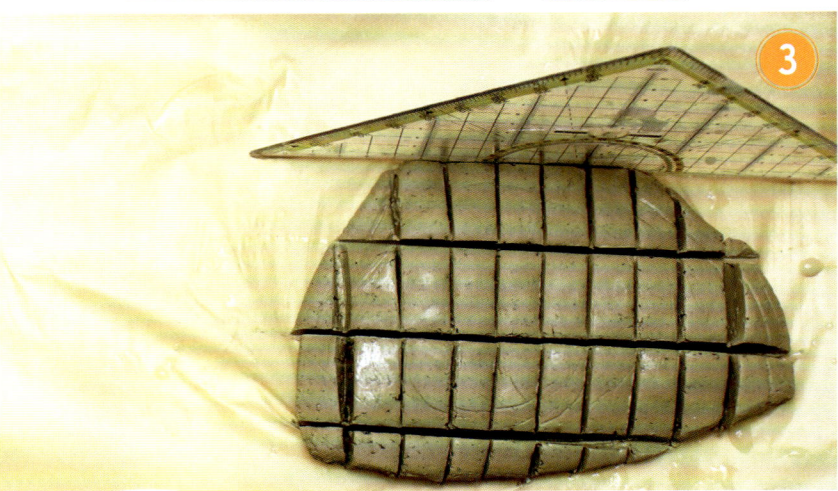

4. Nun brauchst du etwas Geduld. Der Lehm muss nämlich trocknen. Je nach Ziegelgröße kann dies bis zu einer Woche dauern. Anschließend kannst du mit den Ziegeln Wände und kleine Häuschen bauen.

Hinweis

Die Bastelvorlage für Wickie von Seite 88 findest du unter www.studio100.com/wickie

Wickies Tipp

Ein großer Teil der Erde besteht aus Lehm. Lehmboden findest du dort, wo sich Wasser in Pfützen sammelt. Lehm ist im Vergleich zu normaler Erde oder Sand sehr fest und fast wie Knete.

WETTER-STATION

Bau dir eine Wetterstation. Die Wettervorhersage ist besonders für Schiffsleute unheimlich wichtig. Man muss ja wissen, ob ein Unwetter aufzieht, bevor man sich auf den langen Weg zur Insel der Träume macht. Psst, dort sollen Schätze versteckt sein, die von niemanden bewacht werden …

DAS BRAUCHST DU

- großer Kieferzapfen
- Knete
- dünner gerader Stock
- Klebstoff
- Eichelhut
- Acrylfarbe
- Pinsel
- 3 Holzplättchen
- Buntstifte

1. Stelle den Kiefernzapfen auf ein Stück Knete, sodass er nicht umfallen kann. Am besten baust du das Ganze auf einem Stück Pappe oder einem Brett, dann kannst du deine Wetterstation nachher überall mit hinnehmen.

2. Nun ist es wichtig, dass die Schuppen des Zapfens geöffnet sind. Das passiert, wenn es in deinem Zimmer warm ist. Klebe dann auf eine der seitlichen Schuppen des Kieferzapfens den dünnen Stock.

3. Mit einem weiteren Tropfen Klebstoff fixierst du das Eichelhütchen auf der Spitze des Stocks. Dies ist der Pfeil, der sich später je nach Wetterlage nach oben oder nach unten bewegt. Wenn du magst, kannst du diesen auch bunt gestalten.

4. Juhu, jetzt wird gemalt! Male mit den Buntstiften auf die kleinen runden Holzplättchen eine Sonne, Wolken und Regenwolken. Aus diesen Plättchen wird später deine Wetterskala gebastelt.

5. Stelle deinen Zapfen nun nach draußen an einen trockenen und regengeschützten Ort. Beobachte das Wetter. An einem sonnigen, trockenen Tag klebst du das Plättchen mit der Sonne an die Stelle, auf die der Pfeil zeigt. Das Gleiche machst du an einem nebligen Tag und bei Regenwetter. So erhältst du deine Skala.

So funktioniert deine Wetterstation:

Kiefernzapfen öffnen sich nur dann, wenn ihre Samen gute Vorraussetzungen zum Wachsen und Verbreiten haben. Wenn es warm und trocken ist, gehen die Zapfenschuppen deshalb weit auf. Bei Regen können sich die Samen nicht so gut verbreiten, daher ist es für die Zapfen nicht sinnvoll sich zu öffnen und ihre Samen zu verschwenden. Dein Kieferzapfen bemerkt also, ob es feucht oder trocken ist. Genial, oder?

IM WALD

GEHEIM- DEKODER

Mit diesem Dekoder kannst du geheime Nachrichten an einen Freund übermitteln. Verstecke deine Botschaft auf einem Papierstreifen voller Buchstaben. Du fragst dich, wie man in dem Gewirr die Nachricht entziffert? Ganz einfach! Alles, was du brauchst, ist ein Ast in der passenden Dicke.

DAS BRAUCHST DU

2 gleich dicke, gerade Äste

Webband

Klebeband

Schnitzmesser

langer Papierstreifen

Filzstift

1. Klebe einen Streifen Webband mithilfe des Klebebands eng über die Spitze des Asts. Einen zweiten, längeren Streifen Webband klebst du quer dazu an, sodass er eine Schlaufe bildet, durch die deine Hand bequem passt.

2. Damit das Band bombenfest hält und du den Dekoder gut an der Schlaufe herumtragen kannst, wickelst du ein weiteres Band über die Seiten der aufgeklebten Schlaufen eng um den Ast. Das Ende des Bands schiebst du unter die letzten Windungen.

3. Schnitze den Anfangsbuchstaben deines Namens vorsichtig unterhalb des Webbands ein. Am besten bittest du einen Erwachsenen, dir dabei zu helfen.

4. Wickle den Streifen Papier um den Ast, sodass dieser komplett verdeckt ist.

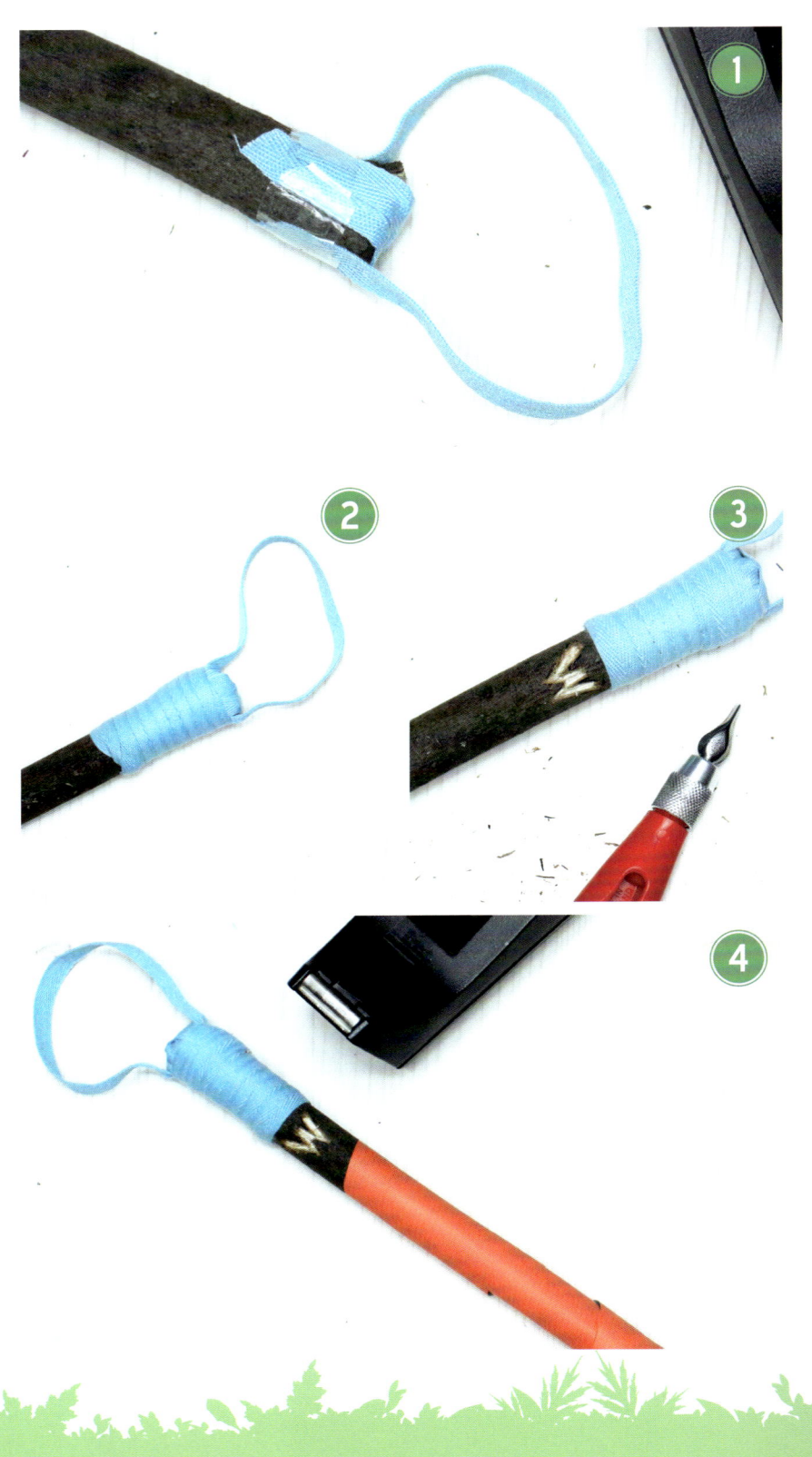

5. Schreibe deine Geheimbotschaft mit dem Filzstift auf den Streifen. Setze jeweils einen Buchstaben auf eine Papierwindung. Auf diesem Streifen hat Wickie die Botschaft SUGDRAKKAR hinterlassen. Das steht für: Treffen bei **S**onnen**U**nter**G**ang beim Wikinger-Schiff Drakkar.

6. Um aus deiner Nachricht Buchstabensalat zu machen, wickelst du den Streifen wieder ab und füllst die Zwischenräume mit weiteren Buchstaben. Diese müssen gar keinen Sinn machen. Schreibe einfach auf, was dir gerade einfällt.

So funktioniert das Entschlüsseln:
Um deine Nachricht wieder zu entschlüsseln, braucht dein Freund lediglich einen Ast in derselben Dicke. Er kann den Papierstreifen dann aufwickeln und die Nachricht ablesen.

ZWILLE

Die Zwille ist die ideale Waffe für jeden heran-
wachsenden Wikinger. Darum hat Wickie sie auch
stets dabei, um damit Wölfe, Bären und sogar den
Schrecklichen Sven in die Flucht zuschlagen.
Mit dieser Anleitung kannst du dir deine eigene
Schleuder ganz einfach selber bauen kannst.

DAS BRAUCHST DU

2 Gummibänder von Einmachgläsern

Schere   Stück Leder, etwa 4 x 6 cm

dicke Astgabel   Acrylfarben   Pinsel

Papier zum Unterlegen

Kirschkerne, Knallerbsen

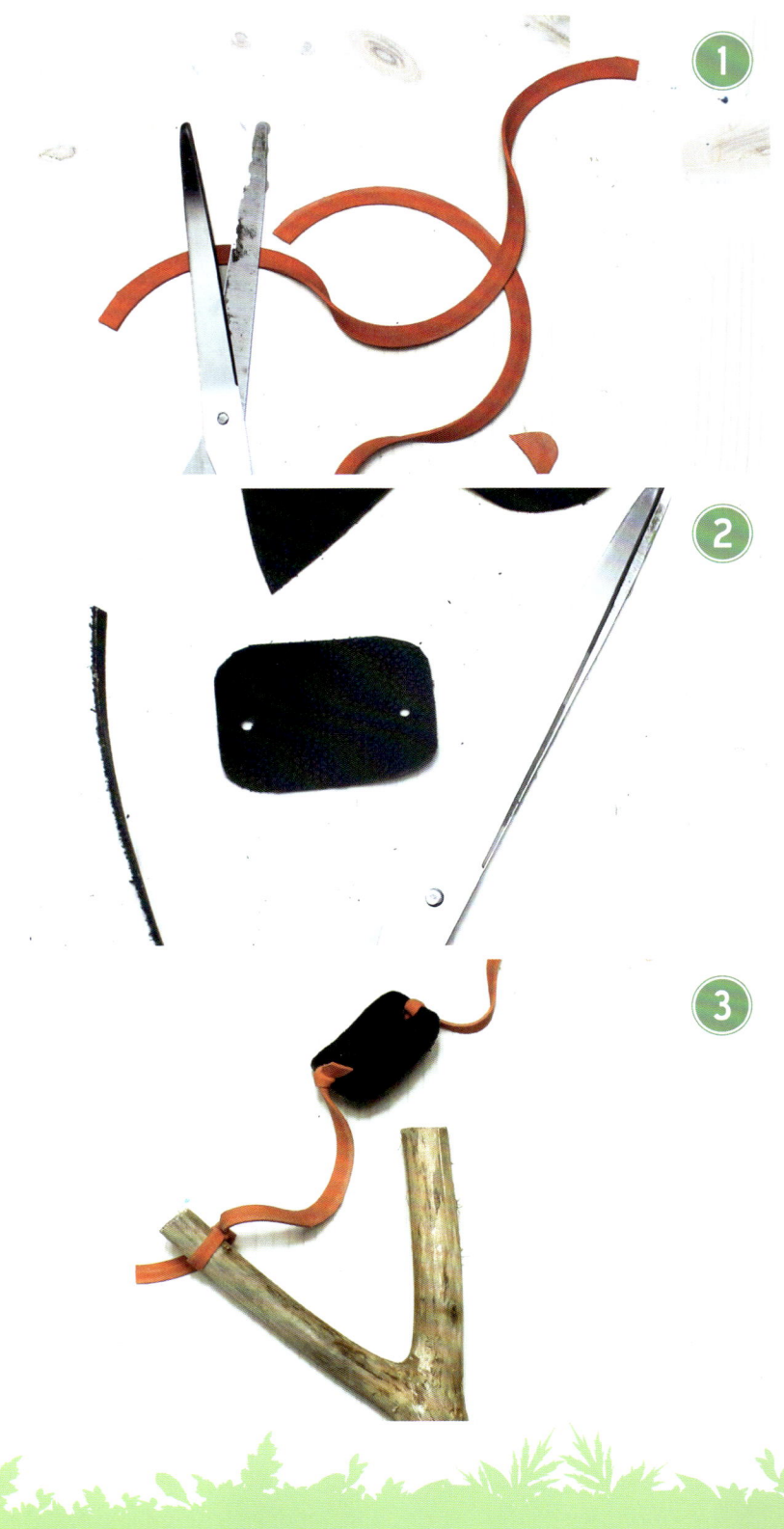

SO GEHT'S

1. Zuerst musst du die beiden Gummis vorsichtig mit der Schere aufschneiden. Am besten schneidest du auch die breite Gummilippe ab, die stört dich sonst nachher beim Festknoten.

2. Als Nächstes bringst du das Stückchen Leder in Form und bohrst mit der Schere an den beiden kurzen Seiten vorsichtig ein kleines Loch hinein.

3. Fädle anschließend durch jedes der Löcher ein aufgeschnittenes Gummiband und knote es an der Astgabel fest.

4

4. Jetzt fehlt nur noch etwas Farbe! Male das Holz der Zwille bunt an. Schütze dabei deinen Tisch mit einer Lage Papier.

5. Als Munition eignen sich super weiße Knallerbsen und Kirschkerne. Bau dir am besten gleich noch eine Zielscheibe zum Üben.

⭐ **Hinweis**

Schieße bitte niemals auf Menschen oder Tiere!

PFEIL UND BOGEN

Mit Pfeil und Bogen lassen sich böse Schurken, wie der Schreckliche Sven, gut in die Flucht schlagen. Du kannst sie dir ganz leicht selber basteln und damit vielleicht die eine oder andere Wollmaus bei euch zu Hause jagen. Aber denke daran, niemals auf Menschen oder Tiere zu zielen!

DAS BRAUCHST DU

fingerdicker Haselnuss- oder Weidenast, etwa 100 cm lang

Taschenmesser feste Schnur Bastelschere

dünne gerade Äste, etwa 30 cm lang

Pinsel Acrylfarbe Papier zum Unterlegen

Federn Kleber oder Heißklebepistole

Eichelhütchen

1. Zuerst baust du dir den Bogen. Dafür brauchst du einen langen Haselnuss- oder Weidenast, der mindestens fingerdick und ungefähr so lang, wie du selbst bist, ist. Haselnuss- und Weidenäste sind äußerst biegsam und deshalb ideal für den Bau eines Bogens. Wenn du einen passenden Ast gefunden hast, entferne ganz vorsichtig mit dem Taschenmesser oder einer Gartenschere die Blätter. Bist du noch nicht sicher im Umgang mit einem Taschenmesser, dann frag deine Eltern um Hilfe.

2. Schnitze mit dem Messer in beide Enden eine tiefe Kerbe ein.

3. Knote die Schnur in der ersten Kerbe fest. Wickle die Schnur noch ein paarmal um den Ast, damit sie richtig fest sitzt.

4. Nun wird der Bogen gespannt. Lass dir am besten von jemandem dabei helfen. Setze den Bogen auf den Boden und übe einen leichten Druck auf ihn aus. Sobald der Ast die gewünschte Krümmung hat, fixierst du ihn in dieser Position, indem du die Schnur um das andere Ende durch die Kerbe hindurch verknotest. Zum Schluss muss nur noch die überstehende Schnur abgeschnitten werden.

5

5. Jetzt brauchst du natürlich noch Pfeile. Dafür nimmst du dir die dünneren, geraden Stöcke. Genau wie beim Bogen musst du diese Zweige im ersten Schritt von allen Blättern und kleinen Ästchen befreien. Anschließend kannst du sie bunt anmalen. Auch der Bogen kann etwas Farbe vertragen. Vergiss nicht, beim Malen Papier unterzulegen.

6

6. Dein Pfeil braucht natürlich auch Federn, damit er in der Flugbahn bleibt. Schneide dazu eine Feder am Stiel entlang ganz vorsichtig in zwei Hälften und entferne den Stiel. Nimm drei von diesen Hälften und klebe sie an das Ende des Pfeils.

7. Ganz zum Schluss kommt noch die Pfeilspitze. Dafür klebst du einfach Eichelhütchen auf.

7

⭐ **Hinweis**

Jetzt heißt es üben, üben, üben. Male dir doch am besten eine Zielscheibe und je besser du wirst, desto weiter stellst du dich von ihr weg. Wichtig: Nicht auf Menschen oder Tiere schießen!

SCHUTZ-SCHILD

Wer traut sich, die Nacht im Wald bei den Wölfen zu verbringen? Gilby fordert Wickie heraus, um zu beweisen, dass er kein Feigling ist. Aber egal, wie mutig man ist, den Schutzschild sollte man immer dabei haben. Man weiß ja nie, wer hinter dem nächsten Baum lauert.

DAS BRAUCHST DU

- große Pappe
- Bleistift
- Schere
- Taschenmesser oder Sicherheitscutter
- Stoffstreifen, z.B. von einer alten Jeans
- Kleber
- Pinsel
- Acrylfarbe
- Papier zum Unterlegen
- kleine gerade Stöckchen

1. Male auf die Pappe die Umrisse des Schilds. Dabei ist es egal, was für eine Form dein Schild hat. Es gibt Schilde, die aussehen wie Wimpel, aber auch rechteckige oder runde. Schau dir den Schild deines Lieblings-Wikingers an und übertrage diese Form auf deine Pappe. Schneide danach die Pappe vorsichtig mit der Schere aus.

2. Als Nächstes kommen die Griffe an dein Schild. Dafür schneidest du wie auf dem Foto vier lange Schlitze in die Pappe. Achte darauf, dass die Schlitze so breit wie deine Stoffstreifen sind.

3. Durch die Schlitze werden jetzt die Stoffstreifen gesteckt. Probiere deinen Schutzschild schon einmal an. Passt du mit dem Unterarm durch die Schlingen? Hält der Schild gut?

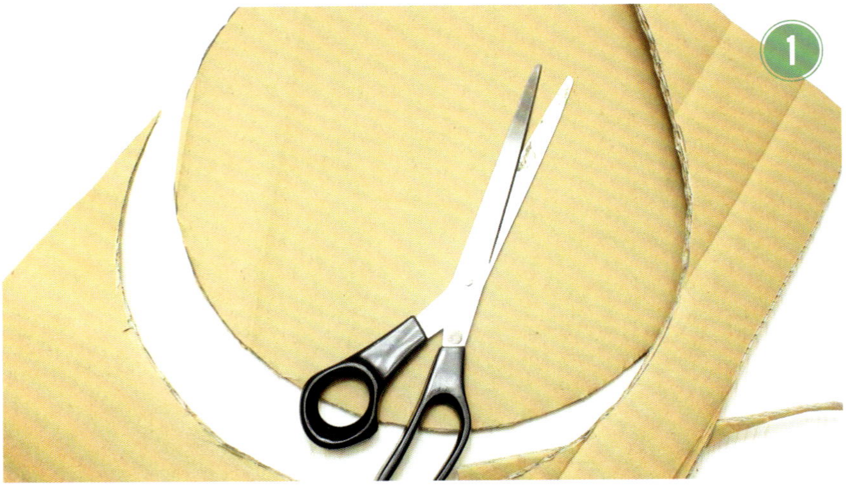

4. Wenn alles passt, klebst du auf der Vorderseite des Schilds die herausschauenden Stoffstreifen gut fest.

5. Da die festgeklebten Stoffe nicht so richtig schick sind, malst du sie, sobald sie trocken sind, mit deiner Lieblingsfarbe an. Lege dabei Papier unter.

6. Klebe die kleinen Stöcke der Reihe nach auf die Pappe. Wenn du magst, kannst du mit ihnen auch kleine Muster legen.

7. Zum Schluss kannst du die Stöcke noch bemalen. Wie wäre es mit Runen oder einem anderen Wikinger-Symbol?

SCHWERT

Wer ein Schwert besitzt, ist ein richtiger Abenteurer. Aber Vorsicht, es gibt Schwerter, die heiß begehrt sind! Erinnerst du dich an den Kampf um das Zauberschwert? Gut, dass wir da nicht mitstreiten müssen, denn wir basteln uns unser eigenes Zauberschwert!

DAS BRAUCHST DU

dicker gerader Stock, etwa 20 cm lang

dicker gerader Stock, etwa 60 cm lang

Taschenmesser

Draht

Schnur oder Wolle

Schere

Lederband

Kleber

1. Befreie die Stöcke vorsichtig mit dem Taschenmesser von Blättern und kleineren Ästen. Bist du noch nicht sicher im Umgang mit dem Taschenmesser, dann frag deine Eltern um Hilfe.

2. Als Nächstes legst du den kurzen Stock, wie auf dem Foto zu sehen, auf den langen. Binde beide mit Draht über kreuz richtig fest aneinander. Achte darauf, dass du den Draht ordentlich auf Spannung hältst, sonst fällt das Schwert im Gefecht auseinander.

3. Da der Draht nicht so schick ist, umwickelst du ihn mit Schnur oder Wolle in deiner Lieblingsfarbe. Knote die Schnur ein paarmal fest und schneide sie anschließend dicht an dem Knoten ab.

4. Nun fehlt noch ein bequemer Griff. Ziehe über die Rückseite des Lederbands eine Linie Klebstoff. Danach fängst du oben am Griff an, das Lederband eng um den Griff herum bis nach unten zu wickeln. Unten wird das Ende einfach unter die aufgewickelten Lederschnüre geschoben.

KATAPULT

Der Schreckliche Sven ist drauf und dran, Ylva zu entführen! Aber wer kann sie retten? Halvar, Gorm und Co. haben sich ergeben und ihre Waffen fallen lassen. Da kommen Wickie die Stinkwanzen in den Sinn! Zusammen mit Ylvi katapultiert er sie in Richtung Sven. Ylva ist gerettet!

DAS BRAUCHST DU

Twist-off-Deckel Nagelschere

Acrylfarbe Pinsel Papier zum Unterlegen

Draht 2 fingerdicke Äste 2 dicke Gummis

Schere armdicker Ast

1. Bohre mit der Nagelschere zwei Löcher in den Deckel. Auf diesen kannst du später deine Stinkwanzen legen.

2. Male den Deckel innen in deiner Lieblingsfarbe an. Lege dabei Papier unter. Wenn du Lust hast, kannst du auch die Äste mit Farbe verzieren.

3. Fädle durch die Löcher ein Stück Draht und wickle es fest um einen der fingerdicken Äste.

4a **4b** **5**

4. Jetzt wird es kniffelig! Schau dir daher die Fotos ganz genau an. Binde das erste Gummi um den dicken und die zwei dünnen Äste, um sie fest miteinander zu verbinden.

5. Damit dein Katapult am Ende richtig gut funktioniert, musst du Spannung auf die Äste bekommen. Das klappt am besten, wenn du die beiden fingerdicken Äste vorne mit dem zweiten Gummi fest zusammenzurrst.

So funktioniert dein Katapult:
Fülle den kleinen Deckel mit Eicheln oder Beeren und drücke den Ast dann fest nach unten. Sobald du ihn nun loslässt, schnellt er nach oben und feuert mit ordentlich Karacho die Munition ab. Ziele dabei aber niemals auf Menschen oder Tiere!

RASSEL

Die Bewohner von Flake lieben große rauschende Feste. Mit viel Tanz und Musik feiern sie ihre Helden und ihre Siege. Natürlich darf auf solchen Festen eine Rassel, die den Rhythmus angibt, nicht fehlen. Und Ulme stimmt mit seiner Leier mit ein.

DAS BRAUCHST DU

Astgabel Schnitzmesser

4 Eichelhütchen Acrylfarben Pinsel

Papier zum Unterlegen Nagelschere

Draht 4 kleine Glöckchen

SO GEHT'S

1. Schäle die Rinde der Astgabel vorsichtig mit dem Schnitzmesser ab. Deine Eltern helfen dir dabei sicher gerne. Lege den frisch geschälten Stock erst einmal zur Seite und lass ihn trocknen.

2. In der Zwischenzeit malst du die Innenseite der Eichelhütchen mit Acrylfarbe kunterbunt an. Vergiss nicht, Papier unterzulegen. Auch die Hütchen müssen anschließend kurz trocknen.

3. Sobald die Eichelhütchen trocken sind, geht es mit der Nagelschere weiter. Bohre ganz vorsichtig zwei Löcher nebeneinander in den Hut. Die Löcher sollten nur so groß sein, dass der Draht ganz knapp durchpasst. Am besten lässt du dir bei diesem Schritt von deinen Eltern helfen.

4. Sind alle Hütchen präpariert, brauchst du den Draht. Wickle das eine Ende des Drahts um einen Arm der Astgabel. Ziehe ihn dann durch das erste Loch in dem Hütchen, danach durch die Öse eines Glöckchens und dann durch das zweite Loch des Hütchens. Dasselbe machst du auch mit den anderen Hütchen.

5. Zum Schluss wickelst du das Ende des Drahts oben an dem zweiten Ast der Gabel fest und schneidest es ab. Ab jetzt gibst du den Takt vor. Das wäre bestimmt ein tolles Instrument für Halvar, der ja immer den Takt vorgeben möchte – auch ohne Instrument.

HAAR-SCHMUCK

Mit Federn, Kordeln und Bändern kannst du im Handumdrehen ein tolles Haarband basteln. Dafür eignen sich auch andere Naturmaterialien wie leuchtende Blüten im Sommer oder bunte Blätter im Herbst. Wenn du diesen Haarschmuck trägst, erblasst selbst die Königin der Winde vor Neid!

DAS BRAUCHST DU

Kordeln und Bänder

Gummiband

Federn

1. Schneide von jedem Band etwa 50 Zentimeter lange Stücke ab. Breite die Fäden aus und teste verschiedene Kordelkombinationen. Welche Farben passen gut zusammen?

2. Lege aus den vielen Kordeln nun drei Bändergruppen und verknote sie miteinander. Der Knoten muss richtig fest sein, damit der Schmuck beim Spielen nicht auseinanderfällt.

3. Diese drei Bändergruppen werden nun miteinander verschlungen. Auf den Fotos kannst du Schritt für Schritt erkennen, wie sie geflochten werden. Halte dir das Band zwischendurch immer wieder um den Kopf. Die Bänder müssen vom einen bis zum anderen Ohr reichen. Sobald du diese Strecke geflochten hast, sicherst du sie mit einem festen Knoten.

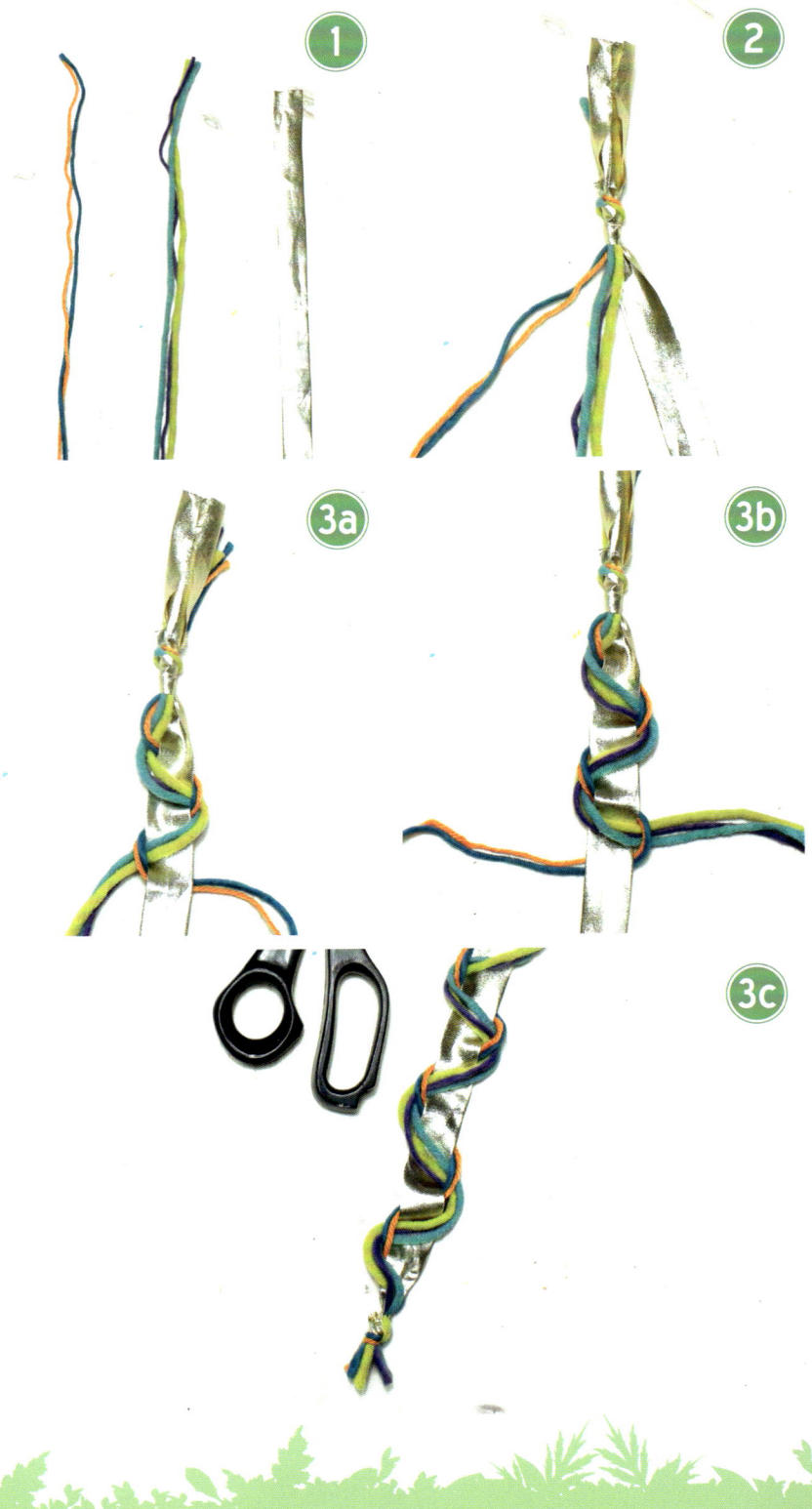

④

4. Jetzt fehlt noch das Gummiband. Knote dieses an die Enden
des geflochtenen Bands. Wenn
du magst, kannst du den dicken
Knoten mit etwas Kordel kaschie-
ren. Wickle sie einfach fest um
den Übergang vom Flechtband
zum Gummiband.

5. Durch die geflochtenen Bänder
werden nun die Federn geschoben
und schon bist du die schönste
Wikinger-Frau weit und breit!

⑤

KETTE

Der Schreckliche Sven hat Ylvi entführt! Doch Wickie hat die rettende Idee: Er baut aus vielen Stoffballen ein zusätzliches Segel, um das Schiff auf offenem Meer schnell einzuholen. Und damit die gerettete Ylvi nicht mehr traurig ist, bastelt Wickie seiner besten Freundin diese tolle Kette.

DAS BRAUCHST DU

Muschel mit einem Loch

Acrylfarben oder Buntstifte in Gelb, Hautfarbe und Rot

Pinsel   Papier zum Unterlegen

dünner schwarzer Filzstift

schönes Band

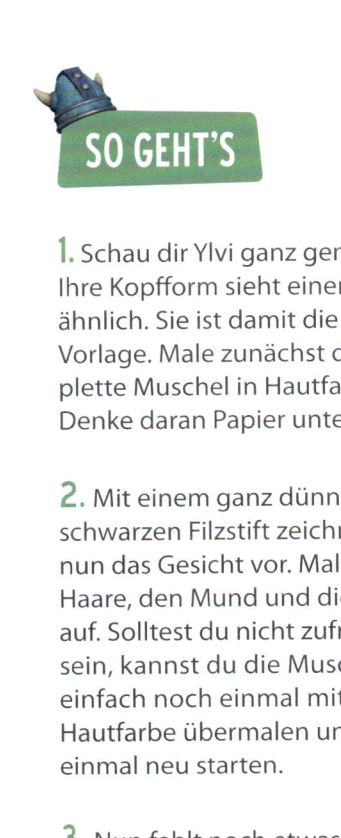

SO GEHT'S

1. Schau dir Ylvi ganz genau an. Ihre Kopfform sieht einer Muschel ähnlich. Sie ist damit die perfekte Vorlage. Male zunächst die komplette Muschel in Hautfarbe an. Denke daran Papier unterzulegen.

2. Mit einem ganz dünnen schwarzen Filzstift zeichnest du nun das Gesicht vor. Male die Haare, den Mund und die Augen auf. Solltest du nicht zufrieden sein, kannst du die Muschel einfach noch einmal mit der Hautfarbe übermalen und noch einmal neu starten.

3. Nun fehlt noch etwas Farbe. Male die Haare gelb und den Mund rot aus. Die Muschel muss danach vollständig trocknen, damit Ylvi nicht verwischt. Anschließend kannst du mit dem schwarzen Filzstift die Konturen der Haare einzeichnen.

4. Fädle ein Band durch das Loch in der Muschel und mach einen Knoten ins Band. Fertig ist deine Wikinger-Kette!

SONNEN- UHR

Die Sonnenuhr gibt es schon seit Tausenden von Jahren. Auch Flake und seine tapferen Krieger messen die Zeit mit dieser alten und einfachen Technik. Mit einem Stock und ein paar Steinen kannst du diesen Zeitmesser im Handumdrehen nachbauen.

DAS BRAUCHST DU

13 Steine, möglichst flach und hell

Acrylfarbe   Pinsel oder Filzstift

Papier zum Unterlegen

Stock, etwa 50 cm lang

1. Bemale die Steine mit den Ziffern 6 bis 18. Wenn du mit Acrylfarben arbeitest, lege dabei Papier unter. Suche dir nun eine Stelle, an der du genug Platz hast, um deine Sonnenuhr aufzubauen. Wichtig ist, dass die Stelle zu jeder Zeit des Tages von der Sonne angestrahlt wird.

2. Stecke den Stock ganz gerade in den Boden, er darf keine Schräglage bekommen.

3. Jetzt brauchst du eine Uhr. Eigentlich ist es egal, wann du damit anfängst, deine Sonnenuhr zu bauen. Aber am besten ist es natürlich, wenn du mit den ersten Sonnenstrahlen beginnst. Wenn du Langschläfer bist, ist das aber auch kein Problem.

4. Schau zur vollen Stunde auf deine Uhr, nimm dir dann den ersten Stein mit der entsprechenden Uhrzeit und lege ihn dort hin, wo der Stock auf dem Boden einen Schatten wirft. Das Ganze wiederholst du zu jeder vollen Stunde, bis die Sonne untergegangen ist.

5. Ab jetzt kannst du getrost auf deine Armbanduhr verzichten! Beim Spielen im Garten reicht ein kurzer Blick zur Sonnenuhr.

Dienstag Mathepr[o]

Lineal nicht verges[s]

LIBELLE

Deine Notizwand ist voller Zettel, die alle gleich aussehen, und langsam verlierst du den Überblick oder findest wichtige Notizen nicht wieder? Mit dieser tollen Bastelidee wird selbst die langweiligste Notiz zu einem echten Hingucker.

DAS BRAUCHST DU

dünner Ast mit einer V-Gabelung

Schere · Papier zum Unterlegen

Acrylfarben · Pinsel · 4 Ahornsamen

Klebstoff · flache Reißzwecke

1. Zuerst musst du die Zweige von den Blättern befreien. Danach schneidest du vorsichtig die beiden Äste der Gabelung so kurz ab, dass sie nur noch etwa einen Zentimeter lang sind.

2. Jetzt wird's bunt. Lege etwas Papier auf dem Tisch aus und bemale die Äste und die Ahornsamen mit Acrylfarbe. Welche Farbe du dabei nimmst, ist ganz egal, denn auch echte Libellen gibt es in den buntesten Schillerfarben.

3. Wenn die Farbe trocken ist, klebst du zwei der bunten Ahornsamen mit dem Samenbeutel direkt unter der Astgabelung fest.

4. Danach schneidest du von den beiden übrigen Ahornsamen die Samenbeutel ab.

5. Klebe sie direkt unter die oberen beiden „Flügel". Zum Schluss schnappst du dir eine Reißzwecke und klebst sie mit dem „Kopf" unten an die Astgabelung. Fertig! Ab jetzt herrscht nie wieder Chaos auf deiner Pinnwand!

Wickies Tipp

Bemale die Libellen in unterschiedlichen Farben für unterschiedliche Dringlichkeiten deiner Notizen. Zum Beispiel Rot für „sehr wichtig" oder Grün für „nicht so wichtig"; Lila für „Sportverein-Notizen", Blau für „Schule".

ÜBER DIE AUTORIN

Jessica Stuckstätte hat schon als Kind die meiste Zeit in der Werkstatt ihres Vaters verbracht. Mittlerweile werkelt und bastelt die Hamburger Innenarchitektin und Stylistin in ihrem eigenen Atelier, schreibt Bücher für Kinder und Erwachsene und bloggt unter **www.kinnertied.de** rund um das Thema Selbermachen. Ihre Inspiration findet sie im Alltag, und da wird kein Bereich ausgespart: Von der Verschönerung der Vorratsgläser bis hin zum Selbergießen einer Kleiderstange – für Jessica gibt es nichts, das nicht noch mit bunter Sprühfarbe optimiert werden kann.

DANKE

Liebes EMF-Team, ich habe mich unglaublich gefreut, dieses Buch mitgestalten zu dürfen! Wickie war schon immer meine absolute Lieblingskindersendung – auch, wenn ich damals noch dachte, Wickie sei ein Mädchen. Mein besonderer Dank geht an meinen Mann Martin. Er hat mich beim Schreiben, Basteln und Organisieren des Haushalts unterstützt und mir immer den Rücken frei gehalten! 1000 Dank! Liebe Maren, vielen Dank nicht nur für die tollen Bilder, sondern auch für die coole Location! Und nicht zu vergessen unser kleines Model Johanna. Du bist zuckersüß und hast das ganz, ganz toll gemacht.

WEITERE TOLLE BÜCHER

Das Janosch-Bastelbuch
144 Seiten, 20 x 23,5 cm
ISBN 978-3-86355-385-2

19,99 €

Zentangle® für Kids
64 Seiten, 22 x 28 cm
ISBN 978-3-86355-402-6

9,99 €

Kreativbuch für wilde Kerle & mutige Mädchen
144 Seiten, 20 x 23,5 cm
ISBN 978-3-86355-291-6

16,99 €

Drachen & Wikinger
48 Seiten, 25 x 26 cm
ISBN 978-3-86355-393-7

6,99 €

Abenteuer Buden bauen
96 Seiten, 22,6 x 22,6 cm
ISBN 978-3-86355-370-8

16,99 €

Mach dein eigenes Buch!
128 Seiten, 22,6 x 22,6 cm
ISBN 978-3-86355-224-4

16,99 €

IMPRESSUM

Bibliografische Information der Deutschen Bibliothek.

Die Deutsche Bibliothek verzeichnet diese Publikation in der deutschen Nationalbibliografie

Detaillierte bibliografische Daten sind im Internet über http://www.d-nb.de/ abrufbar.

EIN BUCH DER EDITION MICHAEL FISCHER

1. Auflage 2016

Alle Rechte dieser Ausgabe bei © 2016 Edition Michael Fischer GmbH, Igling

© Studio 100 Animation/ASE Studios
™ Studio 100
www.studio100.com/wickie

Covergestaltung: Verena Raith
Redaktion und Lektorat: Annika Christof, Saskia Wedhorn
Layout und Satz: Verena Raith
Aufmacherfotos: Maren Stöver, Hamburg

ISBN 978-3-86355-405-7

Printed in Slovakia

www.emf-verlag.de